JN302354

対話式で
わかりやすい！

税法入門教室

鈴木広樹

税務経理協会

◆ はじめに ◆

　本書は，日本の税法についての知識がない方を対象として，その概要を解説したものです。ただし，日本の税法について1冊の書籍で解説できる内容には限界があります。そのため，本書の内容は，あくまで日本の税法の中から主要なものを選び，そのごく基本的な事項について解説したものになっています。しかし，それでも，本書を読まれることによって，日本の税法の全体像を把握することは可能であろうと思います。

　上述のとおり本書はあくまで税法の入門書です。いや，入門書のさらに入門書といった方が適切かもしれません。本書を読まれて税法について関心がわき，もっと税法について学んでみたいと思われた場合は（多くの方にそのように思って頂けることを望んでいますが），「研究室訪問(1)−税法をもっと学ぶためのブックガイド」で紹介した書籍などを手に取ってみてください。

　プラトン（Platon　紀元前427〜紀元前347）という古代ギリシャの哲学者の名前はご存知だろうと思います。税法についての書籍において哲学者の名前が登場して奇異に思われるかもしれませんが，プラトンと本書の間には若干の共通点があります。プラトンの著作のほとんどは対話篇といわれ，対話形式により記載されているのですが，本書も本文部分を対話形式により記載しているのです。

　プラトンの対話篇は，対話形式により書かれた書物の元祖だろうと思います。もとより本書の内容は，当然プラトンの対話篇の足元にも及ばず，かつ，世俗的なものです。しかし，対話形式により記載した意図は，おそらく同じであろうと思っています。対話形式により記載したのは，そうした記載方法が読者の本質的な理解に資するはずだと思われたからです。本書においてその意図を達成することが出来たか否かについては，正直なところ非常に自信がないのですが，少なくとも普通の説明形式よりは理解してもらえやすいものになったのではないかと思っています。

対話形式により記載したその本文部分の舞台は，日本海大学経営大学院研究科（通称日本海ビジネススクール）の「税法」の講義で，その登場人物は以下の3名です。

鈴木教授
日本海ビジネススクール教授（税法担当）。法令遵守と時間厳守がモットー。50歳

佐藤くん
日本海ビジネススクール1年生。日本海大学（会計学専攻）卒業後そのまま大学院に進学（就職に失敗したため）。計算と暗記が得意。23歳

高橋さん
日本海ビジネススクール1年生。太平洋商事経理部勤務（最近営業部から異動）の社会人学生。真面目な好青年。30歳

　　　　　　　　　　　　　　　　　　　　　　　　　はじめに

　なお，念のため申し添えておきますが，以上の登場人物や団体名などはすべて架空のものです。筆者は現在ある大学の教員をしていて，名字が「鈴木」ですが，現在のところ「教授」ではありませんし，勤務先の大学の名称は「日本海大学」ではありません。また，「税法」の講義も担当していません。

　また，本書において解説した税法の内容は平成24年３月末時点のものですので，ご注意ください。平成24年４月以降における税制改正などについては，税法について解説した章の後に税制改正について記載した文章（「所得税の改正について」や「法人税の改正について」など）を掲載しましたので，そちらをご参照ください。

　最後に，本書の執筆にあたっては，税務経理協会の宮田英晶氏に大変お世話になりました。原稿の提出が大幅に遅れたにもかかわらず，いろいろと細かな相談をする筆者に対して，常に丁寧にご対応頂きました。心より感謝申し上げます。

平成24年３月

　　　　　　　　　　　　　　　　　　　　　　　　　鈴木　広樹

＜追　記＞
　これまで「税法」の講義を担当したことがなかったのですが，勤務先の大学で平成24年度から「税務会計」の講義を担当することになりました。受講者が２名だけというのは何としても避けたいところですが，本書の内容のような講義を行うことができればと思っています。

目　　次

◆はじめに◆

日本海大学経営大学院　シラバス「税法」

第1回　オリエンテーション …………………………………… 1
- ◆講義の進め方……………………………………………… 2
- ◆どんな税金がある？……………………………………… 5
- ◆税金の内容は誰が決める？……………………………… 11
- ◆税金の内容はどうあるべきか？………………………… 14

第2回　所得税について ………………………………………… 17
- ◆所得とは？………………………………………………… 18
- ◆サラリーマンの場合は？………………………………… 19
- ◆所得金額に課税？………………………………………… 24
- ◆個人事業者の特典………………………………………… 27
- ◆サラリーマンの特典？…………………………………… 29
- ◆所得の多い人は損？……………………………………… 32
- ◆まだ引く？………………………………………………… 35
- ◇所得税ミニテスト………………………………………… 38
- ○所得税の改正について…………………………………… 41
  - コラム　「いろいろな所得」……………………………… 42

第3回　法人税について ………………………………………… 45
- ◆利益と所得………………………………………………… 46
- ◆配当をもらっていたら？………………………………… 50
- ◆引当金と減価償却………………………………………… 51

- ◆寄附金と交際費……………………………………………………53
- ◆なぜ税率は一定か？………………………………………………56
- ◆常に一定とは限らない？…………………………………………58
- ◆圧縮記帳で節税？…………………………………………………61
- ◇法人税ミニテスト…………………………………………………65
- ○法人税の改正について……………………………………………67
  - コラム 「いろいろな法人」……………………………………68

第4回　相続税について……………………………………………69
- ◆相続税は身近な税金？……………………………………………70
- ◆相続の基礎知識……………………………………………………72
- ◆少し複雑な相続税額の計算………………………………………76
- ◆累進税率？比例税率？……………………………………………79
- ◆配偶者は相続税と無縁？…………………………………………81
- ◆亡くなる前に財産をもらったら…………………………………83
- ◇相続税ミニテスト…………………………………………………88
- ○相続税の改正について……………………………………………91
  - コラム 「節税と脱税の違い」…………………………………93

第5回　消費税について……………………………………………97
- ◆負担する者は？納める者は？……………………………………98
- ◆国税か？地方税か？………………………………………………101
- ◆いわゆる益税問題とは？…………………………………………104
- ◆売上だけで税額を計算？…………………………………………106
- ◆酒税とたばこ税……………………………………………………108
- ◇消費税ミニテスト…………………………………………………116
- ○消費税の改正について……………………………………………118
  - コラム 「負の所得税と給付付き税額控除」…………………119

目 次

第6回 地方税について … 121
- ◆個人に対してか？法人に対してか？ … 122
- ◆住んでいなくても課税？所得がなくても課税？ … 124
- ◆個人の税率も一定 … 126
- ◆サラリーマンの特典？ … 128
- ◆住民税法という法律はない … 129
- ◆個人事業税の税率も一定 … 131
- ◆法人事業税の税率は累進的？ … 133
- ◆外形標準課税とは？ … 135
- ◆所有と取得に対する課税 … 136
- ◇地方税ミニテスト … 140
- ○地方税の改正について … 143
- コラム 「全国各地にあるご当地税？」 … 144

第7回 期末テスト … 147
- ◇第1問・所得税 … 149
- ◇第2問・法人税 … 150
- ◇第3問・相続税 … 151
- ◇第4問・消費税 … 152
- ◇第5問・地方税 … 153

研究室訪問(1)－税法をもっと学ぶためのブックガイド … 157
- ◆「入門の入門」の後の入門書 … 158
- ◆本格的に学ぶ … 160
- ◆判例を学ぶ … 161
- ◆税理士を目指すなら … 162

研究室訪問(2)－税理士になるには？ …… 165
- ◆税理士とは？……………………………………………… 166
- ◆公認会計士との違い……………………………………… 167
- ◆税理士になる方法………………………………………… 170
- ◆税理士試験とは？………………………………………… 174
- ◆税理士試験を速く確実に突破する方法………………… 179
  - コラム 「税理士業界の名門？税務大学校」………………… 183

ミニテスト解答 …… 185

期末テスト解答 …… 187

巻末資料 …… 191

＜索　　引＞……………………………………………………… 195

日本海大学経営大学院　シラバス「税法」

科目名	担当教員	学　期	曜日・時限	教　室
税　法	鈴木教授	春学期	土曜・1限	第5教室

＜講義の概要と目的＞

わが国の税法は，他国の税法と比べて極めて複雑な体系をなしているといえる。この講義では，そのわが国の税法の全体像を把握してもらう。しかし，限られた回数の講義においてわが国の税法の全体像を把握するのは，率直にいって極めて困難である。各回の講義内容は極めて濃密なものとなり，講義時間が延長してしまう場合があることを覚悟しておいてほしい。

なお，毎回，講義の最後に，その講義内容の理解度を問うミニテストを行う。

＜講義計画＞

第1回　オリエンテーション　　第2回　所得税について
第3回　法人税について　　　　第4回　相続税について
第5回　消費税について　　　　第6回　地方税について
第7回　期末テスト

＜講義の進め方＞

受講者と議論しながら進めていく。受講者は，ただ漫然と話を聞いているのではなく，議論に積極的に参加しなければならない。沈黙は減点の対象とする。

＜教科書及び教材＞

以下の書籍を教科書として用いる。講義が始まるまでに各自必ず購入しておくこと。
『対話式でわかりやすい！　税法入門教室』鈴木広樹著，税務経理協会

＜参考書＞

『日本の税金・新版』三木義一著，岩波新書
『税法入門（第6版）』金子宏・清永敬次・宮谷俊胤・畠山武道著，有斐閣新書
『図説　日本の税制（平成23年度版）』諏訪園健司編著，財経詳報社
『租税法（第17版）』金子宏著，弘文堂
『税法（第7版）』清永敬次著，ミネルヴァ書房
『租税判例百選（第5版）』水野忠恒・中里実・佐藤英明・増井良啓・渋谷雅弘編，有斐閣
『税理士最短合格へのスタートガイド』鈴木広樹著，自由国民社

＜成績評価方法＞

期末テスト50％，ミニテスト30％，講義への貢献度20％

＜履修条件＞

やる気のある学生の受講を望む。

第1回　オリエンテーション

　日本海大学経営大学院（通称日本海ビジネススクール）の第5教室でこれから第1回目の「税法」の講義が始まろうとしています。土曜日の1限の講義だからでしょうか。教室には学生が2名しかいません。第5教室は日本海ビジネススクールで一番小さな教室なのですが，それでも閑散とした雰囲気で，2名の学生は少し不安そうです。そんななか，この講義を担当する鈴木教授が教室にやって来ました。

鈴木教授

高橋さん 　　　　　　　　　佐藤くん

──────── ◆ 講義の進め方 ◆ ────────

鈴木教授：こんにちは,「税法」の講義を担当する鈴木です。(教室を見回して) 今年は2名ですか。例年とほぼ変わりませんね。昨年も2名,一昨年は1名でした。お二人だけですので,まずそれぞれ自己紹介をして頂きましょうか。では,すぐ前の席に座って頂いているあなた,お願いします。

高橋さん：はい,1年の高橋と申します。現在,太平洋商事の経理部に勤務しています。経理部には最近異動になったばかりで,その前はずっと営業部にいました。税法の知識は皆無です。会計の知識もまだまだで,仕事をしながら必死に勉強しているところです。業務に役立つかと思い,この講義を履修することにしました。

鈴木教授：ありがとうございます。では,次に後ろの方の席に座っているあなたにお願いしたいのですが,まずそんな後ろの席ではなく,前に来て高橋さんの隣に座りませんか？お二人だけですし。

佐藤くん：(高橋さんの隣の席に移動して) え～っと,1年の佐藤です。日本海大学の経営学部を卒業して,そのままこの大学院に進学しました。この講義を選択したのは,大学での専攻が会計学で,税法についても知っておいた方がいいかなと思ったからです。

鈴木教授：ありがとうございます。お二人とも受講者が少なくて戸惑われていませんか？毎年こんな感じです。「税法」は,「経営戦略」や「マーケティング」といった科目と比べると,地味なイメージがあるのかもしれません。あと,土曜日の1限という時間帯も良くないのかもしれません。金曜日の夜は皆さんいろいろとお忙しいでしょうから。

高橋さん：金曜日の夜は同僚から飲みに誘われることが多いのですが,今は大学院の講義を理由に断っています。もともとお酒は強くなく,飲み会もそれほど好きではないので。

鈴木教授：営業部にいらした頃はお酒を飲む機会が多くて大変だったのでは？

1　オリエンテーション

高橋さん：はい，正直なところ経理部に異動になってほっとしています。大学院に通う時間的余裕もできましたし。

鈴木教授：そうですか。この「税法」を履修して頂いたことも，高橋さんにとってプラスになればいいのですが。佐藤くんもお酒はあまり飲まれないのですか？

佐藤くん：いえ，僕はお酒が大好きなのですが，金曜日の夜に一緒に飲む相手がいないもので。

鈴木教授：最近彼女と別れてしまったとか，何か不幸なことが？こんなこと聞くべきではないのかもしれませんが。

佐藤くん：いえ，そういうわけではなくて，大学時代の友人は皆就職してしまって，一緒に飲む友人がいないのです。就職した連中は皆忙しそうで。

鈴木教授：なるほど，佐藤くんは今孤独な境遇に置かれているのですね。この講義を機会に高橋さんと友人になってもらうといいでしょう。高橋さんから実社会のことについていろいろと教わることができるでしょうし，高橋さんは佐藤くんから会計についていろいろと教わることができるかと思います。

佐藤くん：(隣の高橋さんの方を向いて) よろしくお願いします。会計学専攻といっても，あまり自信がないのですが。

高橋さん：(隣の佐藤くんの方を向いて) こちらこそ，アドバイスできるようなことは何もないかと思いますが。

鈴木教授：高橋さんが女性だったら，佐藤くんにとってはもっと良かったのかもしれませんが。

高橋さん：(笑いながら) すいません，男で。

佐藤くん：(困惑)・・・

鈴木教授：この講義ですが，こんな風に双方向に対話しながら進めていきたいと思っています。対話しながらだと，皆さんも頭を使わざるを得ないでしょ。

佐藤くん：確かに，眠くなることもないかも。
鈴木教授：私は，講義の方法としては，対話しながら進めていくというのがベストだと思っています。なぜなら皆さんに考えてもらえますから。
高橋さん：大人数の講義ですと，先生が一方的に話されたり，発言するのも一部の学生に偏りがちですね。
鈴木教授：はい，そうなってしまいますと，皆さんに考えてもらえているのか，わかりません。結局，本当に講義に参加しているのは，教員と一部の学生だけということが多いのです。では，お二人とも，この講義のシラバスは読んできましたよね。その内容について何かご質問はありますか？
高橋さん：予習は必要でしょうか？
鈴木教授：予習は特に必要ありません。それよりも復習をきちんとして頂きたいですね。ただ，もしも余裕があるようでしたら，教科書に指定した『対話式でわかりやすい！ 税法入門教室』（鈴木広樹著，税務経理協会）の講義と対応する章を読んできてください。シラバスに記載したとおり，この講義は，2回目以降，所得税，法人税，相続税，消費税，地方税と進めていきますが，その本も同様の構成になっています。その本は大変わかりやすいので，税法の知識がまったくなくてもすらすら読めるはずです。佐藤くんはどうでしょう？何かご質問は？
佐藤くん：はぁ，ミニテストと期末テストがどんな感じなのかと，少し気になるというか，不安というか。
鈴木教授：毎回最後にミニテストを行うのは，この講義だけのようですね。期末テストを行う講義も少数派で，期末レポートのみで成績を評価する講義が主流かと思います。ミニテストと期末テストは心配しないでください。極めて簡単な内容ですので，お二人とも必ず満点をとれるはずです。したがって，出席さえして頂ければ，成績はAになるはずです。

高橋さん：期末レポートですと，自分はどう考えるのかが問われることが多いのですが。先生は私達の考え方は問わないのでしょうか？

鈴木教授：この講義は，双方向に対話しながら進めていきます。ですので，わざわざレポートを課さなくても，お二人の考え方はわかるはずです。ミニテストと期末テストは，あくまで形式的なものだと思って頂いて構いません。成績評価を行ううえでの。ただ，もしかするとミニテストと期末テストが，受講者が少ないことの一因かもしれないのですが。

佐藤くん：先生，もしかして，それって作戦？ミニテストと期末テストを行うことにすると，受講者が少なくなって，対話式で講義を進められるという。

鈴木教授：佐藤くん，鋭いですね。実はそういう理由もあるのです。ただ，そのことはここだけの秘密にしておいてください。そうでないと，来年から楽勝科目だということで受講者が殺到ということになりかねませんので。そうなると，対話式での講義は無理になってしまいます。

──────── ◆ どんな税金がある？ ◆ ────────

鈴木教授：それでは，講義の進め方についてはこのくらいにして，税に関する話に入っていきましょうか。といいましても，今回はまだオリエンテーションですので，税とは？といった話にとどまるかと思います。まずお二人にご自身が知っている税金を挙げて頂きましょう。佐藤くん，どうでしょう？

佐藤くん：所得税，法人税，相続税，消費税，地方税。

鈴木教授：シラバスに書いてある税金をそのまま挙げましたね（笑）。では，地方税にはどのような税金がありますか？

佐藤くん：えっ，地方税は地方税じゃないんですか？

鈴木教授：はい，実は地方税は複数の税金の総称なのです。高橋さん，わかり

ますか？

高橋さん：**住民税**でしょうか？確か給与明細を見ると，所得税と一緒に給与から引かれていたような。

鈴木教授：そうです。住民税は地方税の1つです。佐藤くん，損益計算書の下の方を思い浮かべてください。企業に課される税金には，法人税と住民税のほかに何があるかな？

佐藤くん：法人税，住民税および・・・**事業税**？事業税も地方税の1つですか？

鈴木教授：はい，事業税も地方税の1つです。地方税にはまだまだいろいろあるのですが，もう1つ挙げておきましょう。土地や建物を所有していると課される税金は何でしょう？

高橋さん：**固定資産税**でしょうか？

鈴木教授：そのとおり。固定資産税も地方税の1つです。そうした地方税は，都道府県や市町村といった地方公共団体が私達に課している税金です。さらに都道府県が私達に課している税金を**都道府県税**，市町村が私達に課している税金を**市町村税**といいます。ちなみに事業税は都道府県税，固定資産税は市町村税です。それでは，国が私達に課している税金を何というでしょう？

佐藤くん：国税？

鈴木教授：そうですね，国税です。では，国税にはどのような税金がありますか？

佐藤くん：さっきの地方税の種類についての質問みたいですね。地方税以外の税金ですから，所得税，法人税，相続税，消費税ですよね？

鈴木教授：そう答えるかと思っていました。いいでしょう。ただ，国税もまだまだいろいろあります。また，消費税は，厳密には国税とはいい切れないのです。

佐藤くん：何だか後味が悪いですね。消費税が国税とはいい切れないって，どういう意味ですか？

1　オリエンテーション

鈴木教授：すいません。詳しくは後の講義で説明しますが，消費税は国税と地方税で構成されているのです。

高橋さん：国税もまだまだいろいろあるといわれましたが，ほかにはどんな税金があるのでしょうか？

鈴木教授：例えば，相続税は，相続により財産を取得した者に対して課される税金ですが，ある人が亡くなる前にその人の財産が譲渡されて，その財産を取得した者に対して課される税金を何というかわかりますか？

高橋さん：**贈与税**ですね。実は昨年贈与税を納めたので。

鈴木教授：そうでしたか。もしかして高橋さんのご実家は資産家なのでしょうか？それでは，お酒が好きな佐藤くん，お酒に対して課されている税金を何というかわかりますか？

佐藤くん：**酒税**です。そのままですね。酒税も国税なんですか？

鈴木教授：はい，酒税も国税です。いま所得税，法人税，相続税，贈与税，消費税，酒税，住民税，事業税，固定資産税という税金が出てきました。そして，誰が私達に課している税金なのかという視点から，それらを国税と地方税に分類しました。それでは，次に，何に対して課される税金なのかという視点から，それらを分類してみましょう。まず所得税は何に対して課される税金ですか？

高橋さん：私達の所得に対して課される税金です。

鈴木教授：そうです，所得税は個人の所得に対して課される税金です。では，佐藤くん，法人の所得に対して課される税金は何でしょう？

佐藤くん：法人税です。これもそのままかと。

鈴木教授：はい，法人税の方は，法人の所得に対して課される税金です。このように個人や法人の所得に対して課される税金を**収得税**といいます。地方税の中にも収得税があるのですが，わかりますか？

高橋さん：住民税と事業税ですね。

鈴木教授：そのとおり。住民税と事業税も所得に対して課される税金です。た

だ，それらは個人に対しても法人に対しても課されます。

佐藤くん：住民税は個人に対して，事業税は法人に対してではないのですか？

鈴木教授：違うんですね。詳しくは地方税についての講義で説明します。では，商品やサービスの消費に対して課される税金を**消費税**というのですが，消費税にはどのような税金があるのかわかりますか？

佐藤くん：消費税は消費税では？

鈴木教授：そうですね。まずその名のとおり消費税が消費税の1つです。

佐藤くん：消費税の1つということは，ほかにも消費税があるのですか？何だかいっていて紛らわしくなってきましたが。

鈴木教授：これまで名前が出てきた税金，所得税，法人税，相続税，贈与税，消費税，酒税，住民税，事業税，固定資産税のうち，消費税のほかにもう1つ消費税があります。どれだと思いますか？

高橋さん：所得税，法人税，住民税，事業税は収得税なので，相続税，贈与税，酒税，固定資産税のうちのどれかですね。相続税と贈与税は消費と関係ないと思うので，酒税と固定資産税のどちらかですね。

佐藤くん：固定資産税？

高橋さん：いや，固定資産税は，土地や建物を所有していると課される税金なので，消費税ではないと思う。もう1つの消費税は酒税ですね。

鈴木教授：そのとおり。酒税も消費税なのです。私達は，日頃買い物をする際，5％の消費税を負担していますよね。100円の商品を購入する場合は，5円余計に支払わなければなりません。お酒を購入する場合は，その5％の消費税のほかに酒税も負担しているのです。

佐藤くん：んっ，でも，お酒を買ったときのレシートを見ても，5％の消費税の額は記載されているけど，酒税の額は記載されていなかったような。

鈴木教授：はい，酒税の額はあらかじめお酒の価格に含まれているのです。ですので，酒税法が改正されると，お酒の価格も変わることになるのです。

佐藤くん：そういえば，以前発泡酒が値上がりしたとき，酒税法が改正されてからと聞いたような。
鈴木教授：ところで，お二人はたばこを吸いますか？
高橋さん：私は吸いません。
佐藤くん：実はたばこも好きなのですが，価格がずいぶん上がったので，やめようかと思っています。しんどいのですが。あっ，たばこの価格にもあらかじめ税金が含まれているのですよね。
鈴木教授：そうです，たばこの価格にはあらかじめ**たばこ税**の額が含まれています。
佐藤くん：そのたばこ税も消費税？
鈴木教授：そのとおり。たばこ税も消費税の1つです。なお，酒税は国税ですが，たばこ税は国税と地方税で構成されています。これまで，何に対して課される税金なのかという視点から，所得税，法人税，住民税，事業税を収得税に，消費税，酒税，たばこ税を消費税に分類しました。相続税，贈与税，固定資産税がまだ分類できていません。それらは何に対して課される税金といえるのでしょうか？
高橋さん：相続税と贈与税は収得税かなと思ったのですが，違うのですね。固定資産税は，土地や建物を所有していると課される税金ですから，所有税でしょうか？
鈴木教授：なるほど，良い分類方法だと思います。ただ，一般的には，相続税，贈与税，固定資産税のような税金を**財産税**というのです。
高橋さん：財産の所有，それと移転に対して課される税金ですね。
鈴木教授：はい。でも，あくまで一般的な分類方法です。税金が何に対して課されるのかを理解するうえでの。
佐藤くん：それでは，税金は，収得税，消費税，財産税の3つに分類できるんですね。
鈴木教授：いえ，実はもう1つ分類があるのです。
佐藤くん：えっ，でも，これまで名前が挙がった税金は，収得税，消費税，財

産税の３つに分類されましたよね？
鈴木教授：はい、もう１つの分類はイメージしにくく、それに含まれる税金も縁遠いものかもしれません。**流通税**という分類で、主な税金としては、**印紙税、登録免許税、不動産取得税**があります。
佐藤くん：どの税金もわからないです。
鈴木教授：高橋さんはどうでしょう？
高橋さん：契約書を作成するときに印紙を貼りますが、印紙税の印紙はそれでしょうか？
鈴木教授：そうです。印紙税とは、契約書などの作成に対して課される税金で、印紙によって納める税金です。登録免許税も印紙によって納める税金ですが、これは登記や登録などを行うことに対して課される税金です。登記や登録といいましたが、登記は不動産や会社などの登記、登録は弁護士や税理士などの登録です。それと、不動産取得税は、土地や建物の購入に対して課される税金です。なお、印紙税と登録免許税は国税、不動産取得税は地方税のうちの都道府県税です。
高橋さん：土地や建物を譲渡して得た所得に対しては所得税が課されるかと思いますが、土地や建物を購入した者に対しても税金が課されるのですか？
佐藤くん：何だか変な感じですね。契約書の作成や、登記や登録に対して税金が課されるというのも、よくわからないですね。
鈴木教授：確かに少しわかりくにくいかもしれません。それらは、権利の移転や商品の流通に対して課される税金ということで、流通税に分類されるのです。まぁ、ここでは、そんなものにも税金が課されるのだということをわかって頂ければいいです。

<主な税金の分類>

国　税		収　得　税	所得税，法人税	
		財　産　税	相続税，贈与税など	
		消　費　税	消費税，酒税，たばこ税など	
		流　通　税	印紙税，登録免許税など	
地方税	都道府県税	収　得　税	都道府県民税，事業税など	
		消　費　税	地方消費税，都道府県たばこ税など	
		流　通　税	不動産取得税など	
	市町村税	収　得　税	市町村民税など	
		財　産　税	固定資産税など	
		消　費　税	市町村たばこ税など	

◆ 税金の内容は誰が決める？ ◆

鈴木教授：これまで，主な税金の名前を挙げて，誰が私達に税金を課しているのか，そして，何に対して税金が課されるのかという話をしてきました。私達に税金を課しているのは国や地方公共団体です。では，なぜ国や地方公共団体は私達に税金を課しているのでしょうか？

高橋さん：私達に提供する公共サービスの資金にするためかと。

鈴木教授：そうです。税金は，国や地方公共団体が私達に提供する公共サービスの資金になるものです。ところで，お二人は日本国憲法を読んだことがありますか？

佐藤くん：税法の講義で日本国憲法ですか？読んだことはないですね。9条の戦争の放棄は知っていますが。

鈴木教授：実は日本国憲法は税金とも密接な関係があるのです。高橋さんは読んだことがありますか？

高橋さん：全部を通して読んだことはないですが，部分的には。大学受験の際，社会科は政治経済を選択しましたので。

鈴木教授：それでは，日本国憲法が定める国民の三大義務をご存知ですか？まず佐藤くん，どうでしょう？

佐藤くん：確か勤労の義務と・・・すいません，僕の方は，大学受験の際，社会科は日本史を選択したので。

鈴木教授：中学の社会科の授業でも出てきたと思うのですが。でも，勤労の義務は正解です。国民の三大義務の１つです。あとの２つはどうでしょう？高橋さん。

高橋さん：保護する子女に普通教育を受けさせる義務と納税の義務ですね。

鈴木教授：そのとおり。実は，受講生に国民の三大義務を聞いて，３つとも出てきたのは，今回が初めてです。今年の受講生は優秀ですね。

佐藤くん：高橋さんだけですよ。

高橋さん：たまたま政治経済選択だったからです。

鈴木教授：では，そのうちの納税の義務は，日本国憲法の何条に定められていますか？

高橋さん：さすがにそこまでは。

鈴木教授：すいません，一応聞いてみただけです。30条に定められています。国や地方公共団体は私達に税金を課し，私達はそれから逃れることができないわけです。

―――＜日本国憲法第30条＞―――
　国民は，法律の定めるところにより，納税の義務を負う。

佐藤くん：税金って，やっぱり嫌なものですね。

鈴木教授：その税金の内容を決めるのは誰でしょう？

佐藤くん：えっ，国や地方公共団体では？

鈴木教授：確かに，国や地方公共団体が勝手に税金の内容を決めて，それを私達に課し，私達はそれから逃れられないとしたら，税金は嫌なもの極まりないですね。それでは封建時代に領主が民衆に課していた年貢と変わりません。高橋さん，日本国憲法では，納税の義務のほかにも税金について定めた箇所があるのですが，わかりますか？

高橋さん：租税法律主義でしょうか？

1 オリエンテーション

鈴木教授：そのとおり。どういう内容か，わかりますか？
高橋さん：税金については法律で定めなければならない，といった内容かと。あっ，何条かまではわかりません。
鈴木教授：いいでしょう。租税法律主義は，日本国憲法の84条で定められています。国民の納税の義務を定めた30条にも，「法律の定めるところにより」とありましたよね。確かに私達は納税の義務を負います。しかし，その税金は，あくまで法律で定められたものでなければならないのです。

─＜日本国憲法第84条＞─
あらたに租税を課し，又は現行の租税を変更するには，法律又は法律の定める条件によることを必要とする。

佐藤くん：確かに所得税は所得税法，法人税は法人税法に基づくのだと思いますが，何だか当たり前のことをいっているような。
鈴木教授：そうですか？では，法律を定めるのは誰でしょうか？
佐藤くん：役人？
鈴木教授：確かに役人は法律の作成に関わりますが。
佐藤くん：政治家？
鈴木教授：はい，政治家が議会で法律を定めます。では，その政治家を選ぶのは誰でしょうか？
佐藤くん：国民ですが。
鈴木教授：そうです。政治家が議会で法律を定めますが，その政治家は選挙を通じて国民によって選ばれます。ということは，間接的ではありますが，私達国民が法律を定めているのです。私達は自分で税金の内容を決めて，それを納める義務を負っているのです。
佐藤くん：そういわれても，あまりピンと来ませんね。
鈴木教授：それが正直な感想かもしれませんね。ですが，税金の内容は，政治家が勝手に決めているのではなく，私達が決めているんだという意

識を持つことが必要ですね。そして，私達が，税金の内容を決める過程とそれの使われ方とに対して，今よりも関心を持つようになれば，日本の経済と社会はもっと良くなるように思うのですが。

佐藤くん：何だか大きな話になりましたね。

鈴木教授：税金の話は，国の経済や社会のあり方に関わる大きな話なのですよ。お二人は選挙の投票には行かれていますか？

高橋さん：欠かさず投票しています。これまでは，減税はいいけれど増税は嫌だという意識しかありませんでしたが，この講義を受けて，もっと冷静に税金について考えられるようになりたいですね。

佐藤くん：僕の方は欠かさずというわけでは・・・投票日って，日曜なんですよね。日曜は結構忙しくて。

鈴木教授：期日前投票制度もあるのですが。まずは選挙で欠かさず投票することが必要かもしれませんね。

──────◆ 税金の内容はどうあるべきか？ ◆──────

鈴木教授：佐藤くん，会計にとって大切なこととは何でしょうか？例えば，新たな会計基準を定める場合，何に注意しなければならないのでしょうか？

佐藤くん：企業の財政状態や経営成績を正しく表すことでしょうか？

鈴木教授：そうですね。ちなみに，企業会計原則の第一・一般原則の一の記載はご存知ですか？

佐藤くん：確か，「企業会計は，企業の財政状態及び経営成績に関して，真実な報告を提供するものでなければならない。」だったかと。

鈴木教授：そのとおり。さすが会計学専攻ですね。

高橋さん：すごいですね。

佐藤くん：いえいえ，たまたま覚えていただけです。

鈴木教授：それでは，税金にとって大切なこととは何でしょうか？税金の内容はどうあるべきなのでしょうか？

1 オリエンテーション

佐藤くん：私達の負担をできる限り軽くすること？
鈴木教授：確かに税金の無駄遣いをなくして，私達の負担をできる限り軽くすることは重要なことです。しかし，公共サービスの資金としてどうしてもある一定額が必要である。そして，私達はどうしてもそれを負担しなければならない。その場合，私達はどのようにそれを負担すべきでしょうか？
高橋さん：私達の間で不公平が生じないことが必要では？
鈴木教授：そうですよね。不公平だと，負担の重い人から不満が出てきて，上手くいかなくなるはずです。
佐藤くん：税金にとって大切なことって，公平ですか？
鈴木教授：はい，税金の内容は公平なものでなければならないのです。これは，租税法律主義と並んで**租税平等主義**あるいは**租税公平主義**といわれます。実はこれも日本国憲法と関係があるのですが，高橋さん，日本国憲法のどの規定と関係があるかわかりますか？
高橋さん：法の下の平等についての規定でしょうか？これも何条かまでは出てこないのですが。
鈴木教授：では，法の下の平等とは，どういったことをいうのでしょうか？
高橋さん：国民は，法の内容においても，法の適用に際してもすべて平等に扱われねばならないといったことかと。
鈴木教授：そのとおり。ありがとうございます。法の下の平等は14条１項で定められています。税金は法律によって定めなければならない。そして，その法律は平等なものでなければならないのです。

───＜日本国憲法第14条第１項＞───
　すべての国民は，法の下に平等であって，人種，信条，性別，社会的身分又は門地により，政治的，経済的又は社会的関係において差別されない。

佐藤くん：なるほど，税法の基本は日本国憲法にあるのですね。
鈴木教授：ただ，租税法律主義は実現しやすいといえるのですが，租税平等主

義の方は実現がなかなか困難なのです。

佐藤くん：どういうことですか？

鈴木教授：水平的公平を実現するのは容易なのですが，**垂直的公平**を実現するのは困難なのです。

佐藤くん：ますますわからなくなりました。

鈴木教授：すいません。所得が同じ人々は同額の税金を負担すべきであるという考え方が水平的公平です。それに対して，所得が多い人は所得が少ない人よりも多くの税金を負担すべきであるという考え方が垂直的公平です。

高橋さん：累進税率は垂直的公平の考え方を踏まえたものなのですね。

鈴木教授：そうです。しかし，所得の違いに応じて税負担の違いをどの程度設ければ果たして本当に公平といえるのかは難しい問題なのです。累進税率について詳しくは次回の講義で説明しますね。

佐藤くん：水平的公平はわかりやすいですが，垂直的公平というのは少しわかりにくいですね。所得の多い人が多くの税金を負担するというのも，公平なのかどうか？

鈴木教授：そういう意見もあるかと思います。税金の内容は公平なものでなければならない。しかし，本当に公平といえるものはどのようなものか，その答えを見つけるのは簡単ではありません。これから様々な税金を見ていきますが，常に公平なのかどうかということを考えながら税金を見ていってください。（時計を見て）では，時間になりましたので，今日の講義はこのくらいにしましょうか。

佐藤くん：あれっ，先生，ミニテストは？

鈴木教授：今日はオリエンテーションですので，ミニテストは行いません。今日のところは，租税法律主義と租税平等主義を押さえておいて頂ければ結構です。次回から講義の最後の10分をミニテストにあてます。それでは，お疲れ様でした，また来週。

高橋さん・佐藤くん：ありがとうございました。

第2回　所得税について

　第2回目の「税法」の講義，今日は「所得税について」です。教室には既に高橋さんと佐藤くんが来ていて，佐藤くんが高橋さんから仕事の内容などについて話を聞いています。そんななか，開始時間ぴったりに鈴木教授が教室にやって来ました。

鈴木教授

高橋さん

佐藤くん

――――◆ 所得とは？ ◆――――

鈴木教授：こんにちは。今日の講義は所得税についてです。前回の講義でも触れましたが，まず所得税は何に対して課される税金でしょうか？

佐藤くん：個人の所得に対して。

鈴木教授：そうですね。所得税は，個人の所得に対して課される税金です。では，個人の所得とは，どのようなものなのでしょうか？例えば，個人でラーメン屋を営んでいる人がいたとします。ある年，1杯700円のラーメンを15,000杯販売したとします。事例を単純にするため，ほかに販売したものはなかったとします。ビールや餃子も販売しませんでした。このラーメン屋さんのこの年の所得はいくらかわかりますか？

佐藤くん：1杯700円×15,000杯なので，10,500,000円？

鈴木教授：佐藤くんは計算が速いですね。びっくりしました。

佐藤くん：子供のころ，そろばんを習っていましたので。

鈴木教授：そうですか。それは会計や税法を学ぶうえで武器になりますね。ところで，このラーメン屋さんのこの年の所得は10,500,000円ではありません。

佐藤くん：えっ，出てきた数字は700円と15,000杯ですし，どうやって計算したらいいのですか？

高橋さん：経費を引かないといけないのでは？

鈴木教授：そのとおり。所得は経費を引いて計算するのです。

佐藤くん：さっきのお話に経費の額は出てこなかったかと。

鈴木教授：はい。ですので，先ほどの話だけでは，ラーメン屋さんの所得はわからないのです。

佐藤くん：何だか意地悪な質問ですね。

鈴木教授：すいませんでした。先ほどの話に出てきたラーメン屋さんのように個人で事業を行っている人を個人事業者といいます。個人事業者の

所得を**事業所得**というのですが，その金額は総収入金額から必要経費を引いて計算します。総収入金額は，先ほどの話に出てきたラーメン屋さんの場合，1杯700円×15,000杯＝10,500,000円です。では，必要経費とは，どのようなものでしょうか？

高橋さん：売上原価や，販売費，一般管理費などでしょうか？

鈴木教授：それらは具体的にはどのようなものにかかった金額でしょうか？

高橋さん：売上原価はラーメンの材料費など，販売費や一般管理費に含まれるのは，家賃やパートさんの給料などでしょうか？

鈴木教授：そうですね。ありがとうございます。

佐藤くん：事業所得金額って，利益に似ていますね。

鈴木教授：はい，利益と同じようにとらえて頂いて構いません。後で説明しますが，個人事業者の場合は，通常，所得税額を計算するに当たって損益計算書や貸借対照表を作成します。

―＜事業所得金額＞―

| 事業所得金額 | ＝ | 総収入金額 | － | 必要経費 |

◆ サラリーマンの場合は？ ◆

鈴木教授：事業所得金額は，このように総収入金額から必要経費を引いて計算します。それでは，サラリーマンの所得金額はどのように計算するのでしょうか？

佐藤くん：会社から支払われる給料の額では？

鈴木教授：高橋さんはどう思われますか？

高橋さん：私もそう思うのですが。

鈴木教授：確かにそのように思われるのが普通かと思います。ところが，実は違うのです。サラリーマンの所得は**給与所得**というのですが，その金額は，会社から支払われる給料の額そのままではないのです。

高橋さん：会社から支払われる給料の額から何か引くのでしょうか？

鈴木教授：はい，事業所得金額は，総収入金額から必要経費を引いて計算しますよね。給与所得金額も，会社から支払われる給料の額からいくらか引いて計算するのです。

佐藤くん：そうなんですか？高橋さん。

高橋さん：いや，自分でそういった計算をしたことがないので，わからないなぁ。おそらく会社が計算しているのだと思うけど。

佐藤くん：あぁ，サラリーマンの場合，会社が税金の計算とかをしてくれるんですよね。

鈴木教授：サラリーマンの税金の計算の仕方や納め方については，後で説明しますね。ところで，高橋さん，経理部で給与計算のお仕事は？

高橋さん：給与計算はほかの者が担当しています。

鈴木教授：そうですか，だとすると，ご存じないかもしれません。実は給与所得金額は，給与収入金額から**給与所得控除**というものを引いて計算するのです。給与収入金額は，会社から支払われる給料の額のことです。

―― ＜給与所得金額＞ ――
給与所得金額 ＝ 給与収入金額 － 給与所得控除

佐藤くん：給与所得控除ですか？イメージしにくい用語ですね。

鈴木教授：サラリーマンにとっての必要経費だと思って頂ければいいかと思います。サラリーマンも仕事を行ううえでいろいろとお金が必要になるはずです。高橋さん，サラリーマンにとっての必要経費というと，どのようなものをイメージされますか？

高橋さん：スーツやワイシャツ，靴やカバンにかかるお金，あと，スーツのクリーニング代も馬鹿になりません。この大学院の学費を含めた自己啓発のためにかかるお金も，必要経費といえるかもしれません。

佐藤くん：それらの額が給与所得控除で，それを給与収入金額から引いて給与所得金額を計算するのですか？

高橋さん：いや，どうかな？それらの額を会社に申告したことはないけど。

佐藤くん：申告しないとまずいんじゃないんですか？もしかして，余計に所得税を取られてるのかも？

高橋さん：そうかなぁ？

鈴木教授：いえいえ，高橋さんがそれらの額を会社に申告していないのは問題ありません。高橋さんの給与所得金額は，おそらくきちんと計算されているはずです。

佐藤くん：会社は高橋さんの必要経費の額を知らないのに，どうやって計算しているのですか？

鈴木教授：実は給与所得控除は，給与収入金額の何％というように額が決められているのです。高橋さん，ご自身が仕事を行ううえで支出している金額はいくらぐらいですか？

高橋さん：いやぁ，実際にいくら支出しているかというと，仕事と生活，どちらのためなのか，明確にわけられないものが多いので，はっきりとした金額はわからないですね。

鈴木教授：そうだろうと思います。個人事業者の場合，その事業のために実際に支出した金額がわかるはずです。それに対して，サラリーマンの場合，その仕事を行ううえで支出する金額は明確ではありません。そこで，給与所得控除は，給与収入金額の何％というように金額が決められているのです。

佐藤くん：でも，給与収入金額が同じサラリーマンならば，その仕事を行ううえで支出している金額も同じとは限らないと思うのですが。そういう決め方って，公平なのかな？

鈴木教授：そうですね。その点で給与所得控除は公平な制度とはいい切れないかもしれません。

佐藤くん：実際，給与収入金額の何％なんですか？

鈴木教授：給与収入金額の180万円以下の部分からはその40％が，180万円超360万円以下の部分からはその30％が，360万円超660万円以下の部

分からはその20％が，660万円超1,000万円以下の部分からはその10％が，1,000万円超の部分からはその５％が給与所得控除として引かれます。例えば，給与収入金額が1,500万円の場合，給与所得控除の額はいくらになるでしょうか？佐藤くん。

佐藤くん：1,500万円だと，その５％なので，1,500万円×５％＝75万円ですよね？

鈴木教授：さすが，計算が速いですね。でも，75万円ではありません。

佐藤くん：おかしいなぁ，計算は合っていると思うのですが。

鈴木教授：高橋さん，どうでしょう？

高橋さん：1,500万円全体に５％を乗じるのではなく，1,500万円を，180万円以下の部分，180万円超360万円以下の部分，360万円超660万円以下の部分，660万円超1,000万円以下の部分，1,000万円超の部分にわけて，それぞれに異なる比率を乗じて計算するのではないでしょうか？私は暗算が得意ではないので，すぐには計算できないのですが。

鈴木教授：考え方はそのとおりです。では，佐藤くん，計算してみてください。

佐藤くん：180万円×40％＋(360万円－180万円)×30％＋(660万円－360万円)×20％＋(1,000万円－660万円)×10％＋(1,500万円－1,000万円)×５％＝245万円でしょうか？

鈴木教授：すごいですね。そのとおりです。

佐藤くん：でも，どうしてそんな面倒な計算を行うのでしょうか？

鈴木教授：給与収入金額全体に１つの比率を乗じて給与所得控除を計算すると，不公平が生じてしまうのです。例えば，給与収入金額が1,000万円の人と1,001万円の人がいたとします。1,000万円に10％，1,001万円に５％を乗じるとすると，給与収入金額は１万円しか差がないのに，給与所得控除には約50万円の差が生じてしまいます。これでは不公平ですよね。

佐藤くん：なるほど，確かに。ところで，給与収入金額が大きくなるほど，それに対する給与所得控除の割合は低くなるのですね。収入の多い人

　　　　が損をするようで，少し不公平な感じがするのですが。給与所得控除を計算するために給与収入金額に乗じる比率を同じにしてしまった方がいいのではないでしょうか？
鈴木教授：給与収入金額が大きくなるほど，それに対する給与所得控除の割合は低くなることが，公平といえるかについては意見がわかれるかと思います。この点は，後で説明する所得税の税率についてどう考えるかとも関係してきますので，そこでまた考えてみましょう。
高橋さん：あと，自分がサラリーマンだからかもしれませんが，個人事業者と比べて，サラリーマンは損に感じられます。個人事業者の場合，総収入金額と同じだけ必要経費がかかっていれば，事業所得金額はゼロです。総収入金額よりも必要経費の方が多い，すなわち事業所得金額がマイナス，赤字になることがあるかと思います。それに対して，サラリーマンの場合，給与所得控除は給与収入金額の何％と決められているということは，給与所得金額がゼロやマイナスになることがないはずです。
鈴木教授：そうですね。サラリーマンの方は個人事業者に対して不公平感を持たれるかもしれません。サラリーマンも，個人事業者と同じように，実際にかかった必要経費の額を給与収入金額から引いて給与所得金額を計算できれば，問題は解決されるのですが。なお，給与所得金額がゼロやマイナスになる場合も，実はあるのです。
高橋さん：どのような場合ですか？
鈴木教授：給与収入金額の180万円以下の部分からは，その40％が給与所得控除として引かれるのですが，最低でも65万円は給与所得控除として引かれるのです。したがって，給与収入金額が65万円以下の場合は，給与所得金額はゼロやマイナスになります。ただし，そうした場合はあまりなさそうですが。

<給与収入に対する給与所得控除の割合>

給　与　収　入	控除率
180万円以下の部分	40%(注)
180万円超　　360万円以下の部分	30%
360万円超　　660万円以下の部分	20%
660万円超　1,000万円以下の部分	10%
1,000万円超の部分	5%

（注）　最低でも65万円は給与所得控除として引かれる。

◆ 所得金額に課税？ ◆

鈴木教授：事業所得金額と給与所得金額，これまで所得金額の計算方法について説明してきました。それでは，この後，どのような手続が必要だと思いますか？

佐藤くん：所得金額に税率を乗じて所得税額を計算するのでは？

鈴木教授：そう思われたかと思いますが，実は違うのです。所得税額は，所得金額に税率を乗じて計算するのではないのです。

佐藤くん：えっ，では，何に税率を乗じるのですか？

鈴木教授：所得金額からまだ引くものがあるのです。それを**所得控除**といいます。

佐藤くん：給与所得控除の次は所得控除ですか？何だか紛らわしいですね。

鈴木教授：しかも所得控除にはたくさん種類があります。

佐藤くん：えっ，気がめいりますね。

高橋さん：でも，少しほっとしました。所得金額に直接課税するわけではないのですね。

鈴木教授：はい，所得控除とは，個人の事情に応じて課税する所得金額を小さくしてあげるためのものなのです。個人の手元に残った所得に対して直接課税するのではなく，課税せず残しておいてあげた方がいいであろうものの額をそれから引いたうえで課税するのです。高橋さ

ん，所得控除にはどのようなものがあるか，わかりますか？
高橋さん：保険料の額がそうでは？
鈴木教授：そうですね。まず**社会保険料控除**。これは，高橋さんの給与所得金額から引かれているはずです。厚生年金の保険料や国民健康保険の保険料などの社会保険料を支払った場合，その全額を所得金額から引くことができます。また，**生命保険料控除**，**地震保険料控除**もあり，生命保険料や地震保険料を支払った場合は，その一定額を所得金額から引くことができます。
高橋さん：生命保険料の額も一部引かれていると思います。
鈴木教授：高橋さんの給与所得金額から引かれているはずの所得控除がまだあるのですが，わかりますか？
高橋さん：いえ，あとはわからないですね。
鈴木教授：すべての方に無条件に認められる所得控除があって，**基礎控除**といいます。誰でも所得金額から38万円を引くことができるのです。したがって，所得金額が38万円以下であれば，課税されないことになります。
佐藤くん：でも，38万円って，ずいぶん小さな額ですね。もっと引かせてくれてもいいのに。
鈴木教授：確かに38万円は，課税しない最低の所得金額としては小さすぎるかもしれません。佐藤くんは，所得控除にほかにどのようなものがあるか，わかりますか？
佐藤くん：僕の方はまったくわかりません。
鈴木教授：まだ学生だとイメージもしにくいかもしれませんね。ところで，高橋さん，ご結婚は？
高橋さん：いえ，まだ独り身です。
鈴木教授：そうですか。では，**配偶者控除**や**配偶者特別控除**についてはご存じないかな？
高橋さん：あぁ，聞いたことはあります。

鈴木教授：配偶者控除は，生計を一にし，かつ，年間所得が38万円以下である配偶者を有する場合に，配偶者特別控除は，生計を一にし，かつ，年間所得が38万円超76万円未満である配偶者を有する場合に認められるものです。なお，配偶者特別控除は，年間所得が1,000万円以下である者に限られます。

高橋さん：結婚しても共働きになると思うので，関係なさそうですね。

佐藤くん：予定がありそうですね。

高橋さん：いえいえ，まだ具体的には。

鈴木教授：そうですか。関係ないかもしれませんが，補足しておくと，配偶者控除は，配偶者が70歳未満の場合，38万円，70歳以上の場合，48万円です。それに対して，配偶者特別控除は，配偶者の所得金額に応じて額が変わり，最高で38万円です。高橋さん，ご結婚が未だということは，お子様もいらっしゃらないですよね？

高橋さん：もちろんです。

鈴木教授：すいません，一応念のためお聞きしました。子供などがいる場合に認められる所得控除があるので。**扶養控除**といって，生計を一にし，かつ，年間所得が38万円以下である親族などを有する場合に認められるものです。佐藤くんのお父さんは，所得金額から扶養控除を引いているはずです。

佐藤くん：はい，おそらく。まだ脛をかじらせてもらってます。でも，所得控除って，たくさんありますね。

鈴木教授：まだまだあるのですが。

佐藤くん：えっ，まだあるのですか？

鈴木教授：では，主なものをあと3つだけ。**雑損控除，医療費控除，寄附金控除**です。どれかご存知ですか？

佐藤くん：いえ，どれも。

高橋さん：医療費控除だけは。母が大病をしたとき，父がかかった医療費について控除を受けるといっていたのを聞いたことがあります。

鈴木教授：そうでしたか。医療費控除は，本人または生計を一にする配偶者そのほかの親族の医療費を支払った場合に認められるものです。これは知らないと損をしますので，知っておいた方がいいでしょう。残りの2つもです。雑損控除は，災害などにより住宅家財などに損失が生じた場合や，その災害などに関連する支出がある場合に，寄附金控除は，国や地方公共団体への寄附金など公益性の高い寄附金を支出した場合に認められるものです。

<主な所得控除>

名　　称	概　　要
基 礎 控 除	すべての者に無条件に認められる（38万円）
社会保険料控除	厚生年金の保険料や国民健康保険の保険料などの社会保険料を支払った場合に認められる
生命保険料控除地震保険料控除	生命保険料や地震保険料を支払った場合に認められる
配 偶 者 控 除	生計を一にし，かつ，年間所得が38万円以下である配偶者を有する場合に認められる
配偶者特別控除	生計を一にし，かつ，年間所得が38万円超76万円未満である配偶者を有する場合に認められる
扶 養 控 除	生計を一にし，かつ，年間所得が38万円以下である親族などを有する場合に認められる
雑 損 控 除	災害などにより住宅家財などに損失が生じた場合や，その災害などに関連する支出がある場合に認められる
医 療 費 控 除	本人または生計を一にする配偶者そのほかの親族の医療費を支払った場合に認められる
寄 附 金 控 除	公益性の高い寄附金を支出した場合に認められる

◆ 個人事業者の特典 ◆

佐藤くん：いやぁ，いろんな所得控除が出てきましたね。所得金額から所得控除を引いて，あとはそれに税率を乗じるのですね。

鈴木教授：確かにそうなのですが，もう1つ押さえておかなければならないも

のがあるのです。

佐藤くん：えっ，まだ何か引くのですか？

鈴木教授：青色申告という言葉はご存知ですか？

佐藤くん：聞いたことがあるようなないような。

高橋さん：聞いたことだけは。ただ，サラリーマンには関係ないのでは？

鈴木教授：はい，個人事業者だけに関係があるものです。個人事業者は，2月16日から3月15日までの間に所轄の税務署長に対して，前年の所得金額やそれに対する所得税額を記載した確定申告書を提出します。そして，所得税額を3月15日までに納めます。所得金額やそれに対する所得税額は，自分で，あるいは税理士に頼んで計算するのですが，所得金額を計算するに当たって，取引を正規の簿記の原則に従って記録している場合，所得金額から65万円を引くことができます。これを**青色申告特別控除**というのです。

高橋さん：「取引を正規の簿記の原則に従って記録」とは，どういうことでしょうか？

鈴木教授：佐藤くん，わかりますか？

佐藤くん：取引を仕訳によって記録し，それに基づいて損益計算書や貸借対照表を作成することでしょうか？

鈴木教授：そうですね，ありがとうございます。先ほど，個人事業者の場合は，通常，所得税額を計算するに当たって損益計算書や貸借対照表を作成するといいましたが，青色申告特別控除の適用を受ける場合は，確定申告書に損益計算書や貸借対照表を添付しなければならないのです。

佐藤くん：所得金額から所得控除を引いて，さらに65万円の青色申告特別控除を引くことができるのですか？青色申告って，個人事業者にとってずいぶんお得な制度ですね。

高橋さん：やはり個人事業者の方がサラリーマンよりも有利な気がしますね。

鈴木教授：青色申告は，個人事業者に対して所得金額を正確に計算するように

促すための制度です。個人事業者は，自分で所得金額やそれに対する所得税額を計算して，所得税額を納めるため，そうした制度が必要とされるのです。

高橋さん：確かにそうした青色申告の意義は理解できるのですが，そもそもサラリーマンは，自分で所得金額やそれに対する所得税額を計算して，所得税額を納めるという機会を与えられていないわけなので，完全に納得することはできないですね。

―――――◆ サラリーマンの特典？ ◆―――――

鈴木教授：サラリーマンの方の多くは，そのように思われるかもしれません。確かにそもそもサラリーマンの方には，自分で所得金額やそれに対する所得税額を計算して，所得税額を納めるという機会が与えられていません。給与を支払う企業などが，所得金額やそれに対する所得税額を計算して，給与を支払う際，所得税を徴収して，国に納めています。この制度を何というでしょうか？

高橋さん：源泉徴収制度です。

鈴木教授：そのとおり。では，源泉徴収制度には，税金を徴収する国の側と税金を徴収されるサラリーマンの側，双方にとってメリットがあるのですが，どのようなメリットかわかりますか？まず税金を徴収する国の側にとってのメリットとはどのようなものでしょうか？

高橋さん：税金を確実に徴収できるということではないでしょうか？

鈴木教授：そうですね。サラリーマン個人に自分で所得金額やそれに対する所得税額を計算させて，所得税額を納めさせるよりも，給与を支払う企業などにそれを行わせた方が確実に税金を徴収できるはずです。また，国にとってはその方が楽なはずです。それでは，次に税金を徴収されるサラリーマンの側にとってのメリットとはどのようなものでしょうか？こちらは，佐藤くん，どうでしょう？

佐藤くん：確定申告という面倒な手続を行わなくて済むことではないでしょう

か？僕としては，自分で所得金額やそれに対する所得税額を計算して，所得税額を納めるというのは，かなり面倒な感じがするので。

鈴木教授：はい，源泉徴収制度のサラリーマンの方にとってのメリットとは，そうしたことだと思います。おそらく佐藤くんと同じような考えのサラリーマンの方が多いのではないでしょうか？　高橋さんはどう思われますか？

高橋さん：確かに，サラリーマンのうち，確定申告なんて面倒な手続は行いたくないという者の方が多数派だと思います。個人的には，自分で所得金額やそれに対する所得税額を計算して，所得税額を納めるようにして，個人事業者と同様に青色申告特別控除を認めて欲しいと思うのですが，私のような者は少数派でしょう。

佐藤くん：サラリーマンは税金の納め方を選択できるようにすればいいのに。

鈴木教授：そうなれば，サラリーマンの方が感じる不公平感は解消されるかもしれませんね。ただ，おそらく国はそれを望まないでしょうし，高橋さんのような考えを持たれているサラリーマンの方もおそらく少数でしょうから，道のりはかなり険しいかもしれません。

高橋さん：険しいはずです。

鈴木教授：源泉徴収制度について説明しましたが，ここで少し考えてみてください。所得税は1年間の所得に対して課されるもので，1年間の所得が定まらなければ，その本当の額はわかりません。それなのに，サラリーマンの方は，通常，毎月の給与から所得税を引かれているはずです。おかしいと思いませんか？

佐藤くん：毎月の給与から引かれているのは，前年の所得に対する所得税なのですか？

鈴木教授：いえ，その年の所得に対する所得税です。

佐藤くん：個人事業者の場合は1年間の所得に対して所得税を課して，サラリーマンの場合は毎月の所得に対して所得税を課しているのでしょうか？

鈴木教授：いえ，個人事業者とサラリーマンの間にそうした違いはなく，サラリーマンの場合も，1年間の所得に対して所得税が課されます。

佐藤くん：どういうことか，さっぱりわからなくなりました。

鈴木教授：高橋さんはどう思われますか？

高橋さん：毎月の給与から引かれている所得税の額は仮の額で，後で調整するのではないでしょうか？そういえば，年末の給与の額はほかの月よりも少し多くて，それは税金の戻りだったような。

佐藤くん：年末の給与の額がほかの月よりも多いのはボーナスでは？

高橋さん：いや，ボーナスとは別に。でも，それも年末のボーナスの一部みたいに感じられるのだけれど。

鈴木教授：そうですね。源泉徴収されている所得税の額は，実は仮の額なのです。高橋さん，年末になると経理の方からその年に支払った生命保険料の額などを聞かれませんか。

高橋さん：はい，確かに。

鈴木教授：そして，12月の給与はほかの月よりも少し多めなのですよね。

高橋さん：そうです。

鈴木教授：それは，年末に所得税の額を調整しているのですが，何というでしょう？

高橋さん：年末調整ですね。

鈴木教授：そのとおり。源泉徴収されている所得税の額は，あくまで仮の額です。年末調整では，その年の給与の総額に対する所得税の額と既に源泉徴収された所得税の額とを計算して，最後の月に源泉徴収すべき所得税の額を計算します。

高橋さん：そして，その年の給与の総額に対する所得税の額よりも源泉徴収された所得税の額の方が大きい場合は，所得税が戻ってくるのですね。

鈴木教授：はい，年末にその年に支払った生命保険料の額などを聞かれるのは，その額を所得控除として給与所得金額から引くためなのです。

高橋さん：母が大病をしたとき，父がかかった医療費について控除を受けたの

ですが，確かそのとき確定申告が必要だといっていたと思うのですが。

鈴木教授：ちょうどそのことについて説明しようと思っていたところです。実は，所得控除のうち，雑損控除，医療費控除，寄附金控除は，年末調整において処理することができないのです。それらを所得金額から引くためには，サラリーマンの方であっても確定申告が必要になるのです。

佐藤くん：どうしてその3つだけ？

鈴木教授：それらは，ほかの所得控除と異なり，その内容について確認する必要があるからです。税務署で，いくらまで控除できるかについて確認を受けることになるのです。

佐藤くん：国はそう簡単に控除を認めたくないわけですね。

―――――― ◆ 所得の多い人は損？ ◆ ――――――

鈴木教授：それでは，次に所得税の税率について説明します。所得税額は，所得金額から様々な所得控除を引いた額に税率を乗じて計算するのですが，その税率は一定ではなく，所得金額が高くなるほど高くなります。こうした税率を何というのでしたっけ？佐藤くん。

佐藤くん：累進税率です。

鈴木教授：そうですね。ここで，所得金額から所得控除を引いた額を課税所得金額ということにします。所得税の額は，課税所得金額のうち195万円以下の部分に対しては5％，195万円超330万円以下の部分に対しては10％，330万円超695万円以下の部分に対しては20％，695万円超900万円以下の部分に対しては23％，900万円超1,800万円以下の部分に対しては33％，1,800万円超の部分に対しては40％の税率を乗じて計算します。

2　所得税について

<所得税の税率>

課税所得金額	税率
195万円以下の部分	5%
195万円超　330万円以下の部分	10%
330万円超　695万円以下の部分	20%
695万円超　900万円以下の部分	23%
900万円超　1,800万円以下の部分	33%
1,800万円超の部分	40%

佐藤くん：給与収入に対する給与所得控除の割合に何だか似ているような。こっちの方は、課税所得金額全体に1つの税率を乗じるのではなくて、課税所得金額をいくつかの部分にわけて、それぞれに異なる税率を乗じるのですか？

鈴木教授：そのとおりです。では、例えば課税所得金額が2,000万円の場合、課される所得税の額はいくらになりますか？

佐藤くん：195万円×5％＋(330万円－195万円)×10％＋(695万円－330万円)×20％＋(900万円－695万円)×23％＋(1,800万円－900万円)×33％＋(2,000万円－1,800万円)×40％＝520万4千円でしょうか？

鈴木教授：すごいですね。そのとおりです。

高橋さん：速いなぁ。

鈴木教授：このように課税所得金額をいくつかの区分にわけて、金額の高い区分になるにつれて税率が高くなっていくものを**超過累進税率**といいます。それに対して、課税所得金額が高くなるにつれて税率が高くなり、課税所得金額全体に1つの税率を乗じるものを**単純累進税率**といいます。例えば、課税所得金額が1,800万円ならば1,800万円に33％を、2,000万円ならば2,000万円に40％を乗じるといった方式です。なぜ所得税の税率には、単純累進税率ではなく超過累進税率が採用されているのでしょうか？

高橋さん：給与収入金額全体に1つの比率を乗じて給与所得控除を計算すると、

不公平が生じてしまいましたが、単純累進税率の場合、それと同様な不公平が生じてしまうのでしょうか？

鈴木教授：はい、例えば課税所得金額が1,900万円の人と1,800万円の人がいたとします。所得税の税率が単純累進税率だとしたら、それぞれの人の税引き後手元に残る金額はどうなるでしょうか？

高橋さん：佐藤くん、計算をお願いします。

佐藤くん：1,900万円の場合は、1,900万円−1,900万円×40％＝1,140万円、1,800万円の場合は、1,800万円−1,800万円×33％＝1,206万円です。

鈴木教授：ありがとうございます。どうでしょうか？

高橋さん：1,900万円の人の方が、手元に残る金額が少なくなってしまいますね。

佐藤くん：所得金額が高い人の方が手元に残る金額が少なくなるようでは、まったくの不公平ですね。

鈴木教授：単純累進税率だと、そうした問題が生じてしまうんですね。そうした問題が生じるのを防ぐために、所得税では単純累進税率ではなく超過累進税率を採用しているのです。

佐藤くん：単純累進税率より超過累進税率の方が公平だというのはわかりました。しかし、それでも、所得金額が大きくなるほど、所得税が課される割合が高くなるというのは、所得の多い人が損をするようで、不公平な感じがするのですが。給与収入金額が大きくなるほど、それに対する給与所得控除の割合が低くなることも、収入の多い人が損をするようで、少し不公平な感じがしましたが。

鈴木教授：そういう意見もあるでしょう。前回の講義でも触れましたが、水平的公平を実現するのは容易でも、垂直的公平を実現するのは困難なのです。

佐藤くん：え〜っと、水平的公平と垂直的公平？

高橋さん：所得が同じ人々は同額の税金を負担すべきであるという考え方が水平的公平、所得が多い人は所得が少ない人よりも多くの税金を負担

すべきであるという考え方が垂直的公平。
佐藤くん：すいません。
鈴木教授：累進税率は垂直的公平の考え方を踏まえたものです。所得税は**担税力**に応じて負担するのが公平であると考えられています。
佐藤くん：担税力？
鈴木教授：税金を負担する能力のことです。税金を負担する能力のない人よりも，ある人の方に税金を負担してもらうのが公平であると考えるのです。
佐藤くん：う〜ん，そうかなぁ。
鈴木教授：これについては意見がわかれるかと思います。そもそも垂直的公平を実現する必要があるのか？累進税率にするとしても，現在の所得税の税率が本当に公平といえるのか？それらの問いに対する答えを見つけるのは，実はとても困難です。

――――――――◆ まだ引く？ ◆――――――――

佐藤くん：課税所得金額に税率を乗じて所得税額を計算。これで終わりですね。
鈴木教授：いえ，そのようにして計算した所得税額からまだ一定額を引くことができる場合があるのです。
佐藤くん：えっ，いつまで計算が続くのですか？
鈴木教授：今度こそこれで終わりです。課税所得金額に税率を乗じて計算した所得税額から**税額控除**というものを引くことができる場合があり，それを所得税額からさらに引いた額を最終的に納めるのです。
佐藤くん：税額控除？課税所得金額を計算するために所得金額から引くものが所得控除，納付税額を計算するために所得税額から引くものが税額控除ですか？
鈴木教授：そのようにイメージして頂ければいいかと思います。主な税額控除としては，まず**配当控除**があります。国内の企業からの配当所得がある場合，所得税額から一定額を引くことができるのです。これは

なぜかわかりますか？

佐藤くん：いやぁ，見当がつかないです。所得控除は，個人の事情に応じて課税する所得金額を小さくしてあげるためのものでしたよね。そもそも税額控除の方にはどういう意味があるのでしょうか？

鈴木教授：個人の事情に応じて課税する所得金額を小さくしてあげる所得控除と異なり，所得税額から一定額を引いて納付税額を小さくしてあげる税額控除は，政策的な理由に基づいています。配当控除が認められる理由，高橋さん，どうでしょう？

高橋さん：おそらくですが，所得税と法人税の間の二重負担を調整するためでしょうか？

鈴木教授：そのとおりです。企業の所得に対して法人税が課され，残った所得が株主に配当として支払われるのですが，株主が受け取った配当にも所得税が課されると，企業の所得に対して法人税と所得税が二重に課されることになってしまいますよね。

佐藤くん：なるほど。

鈴木教授：税額控除には**外国税額控除**というものもあるのですが，これはどのようなものかわかりますか？佐藤くん。

佐藤くん：それは何となくわかります。外国で税金を課されたら，日本では課さないというものでしょうか？

鈴木教授：そうですね。外国税額控除とは，所得の一部に外国で生じたものがあり，その国で課税されている場合は，所得税額から一定額を引くことができるというものです。

高橋さん：わが国の所得税と外国の税金が二重に課されるのを防ぐためのものですね。

鈴木教授：はい，税額控除の意味をおわかり頂けたでしょうか？主な税額控除としては，ほかに・・・

佐藤くん：えっ，まだあるのですか？

鈴木教授：では，あと1つだけにしておきます。**住宅ローン控除**です。これは

どのようなものかわかりますか？高橋さん。

高橋さん：住宅取得のための借入金がある場合に所得税額から引くことができるものですね。

鈴木教授：そのとおり。住宅ローン控除は，国民に住宅取得を促すためという政策的な理由に基づいています。

佐藤くん：今度こそ終わりですね。

鈴木教授：はい，これで終わりです。このように，所得金額から所得控除を引いて課税所得金額を計算，その課税所得金額に税率を乗じて所得税額を計算，その所得税額から税額控除を引いて納付税額を計算することになります。本日の講義はこれで終わりです。

高橋さん・佐藤くん：ありがとうございました。

鈴木教授：（時計を見て）ちょうど10分前に終わりましたね。では，これから10分でミニテストを行います。一応，筆記用具以外の物はしまってください。

高橋さん・佐藤くん：はぁ～（ため息）。

<主な税額控除>

名　　称	概　　　要
配 当 控 除	国内の企業からの配当所得がある場合に認められる
外国税額控除	所得の一部に外国で生じたものがあり，その国で課税されている場合に認められる
住宅ローン控除	住宅取得のための借入金がある場合に認められる

<納める所得税額>

納付税額 ＝（ 所得金額 － 所得控除 ）× 税率 － 税額控除

所得税ミニテスト

学籍番号	
氏　　名	

　以下の文章中の（　）に当てはまる用語を文章下の用語リストの中から選んで答えなさい。

・個人事業者の所得金額は，総収入金額から（　1　）を引いて計算する。それに対して，サラリーマンの所得金額は，給与収入金額から（　2　）を引いて計算する。

・所得金額から様々な所得控除を引いた額に税率を乗じて所得税額を計算するが，主な所得控除としては，すべての者に無条件に認められる（　3　）控除，厚生年金の保険料や国民健康保険の保険料などの社会保険料を支払った場合に認められる（　4　）控除，生命保険料を支払った場合に認められる（　5　）控除，地震保険料を支払った場合に認められる（　6　）控除，生計を一にし，かつ，年間所得が38万円以下である配偶者を有する場合に認められる（　7　）控除，生計を一にし，かつ，年間所得が38万円超76万円未満である配偶者を有する場合に認められる（　8　）控除，生計を一にし，かつ，年間所得が38万円以下である親族などを有する場合に認められる（　9　）控除，災害などにより住宅家財などに損失が生じた場合や，その災害などに関連する支出がある場合に認められる（　10　）控除，本人または生計を一にする配偶者そのほかの親族の医療費を支払った場合に認められる（　11　）控除，公益性の高い寄附金を支出した場合に認められる（　12　）控除などがある。

2 所得税について

- 個人事業者は、所得控除のほかにも、所得金額を計算するに当たって、取引を正規の簿記の原則に従って記録している場合、所得金額から65万円を引くことができる。これを（ 13 ）控除という。

- サラリーマンの場合、自分で税金を納めるわけではなく、給与を支払う企業などが、給与を支払う際、所得税を徴収して、国に納める。これを（ 14 ）制度という。そして、12月、その年の給与の総額に対する所得税の額と既に徴収された所得税の額とを計算して、12月に徴収すべき所得税の額を計算する。これを（ 15 ）という。

- 所得税の税率は累進税率だが、課税所得金額が高くなるにつれて税率が高くなり、課税所得金額全体に1つの税率を乗じる（ 16 ）累進税率ではなく、課税所得金額をいくつかの区分にわけて、金額の高い区分になるにつれて税率が高くなっていく（ 17 ）累進税率である。

- 所得税額からさらに税額控除を引くことができる場合があり、所得税額から税額控除を引いた額が最終的に納める所得税額になるが、主な税額控除としては、国内の企業からの配当所得がある場合に認められる（ 18 ）控除、所得の一部に外国で生じたものがあり、その国で課税されている場合に認められる（ 19 ）控除、住宅取得のための借入金がある場合に認められる（ 20 ）控除などがある。

＜用語リスト＞

配当, 外国税額, 青色申告特別, 源泉徴収, 年末調整, 住宅ローン, 雑損, 医療費, 寄附金, 基礎, 社会保険料, 生命保険料, 地震保険料, 配偶者, 配偶者特別, 扶養, 単純, 超過, 必要経費, 給与所得控除

＜解答欄＞

1		2		3		4	
5		6		7		8	
9		10		11		12	
13		14		15		16	
17		18		19		20	

所得税の改正について

　平成25年から平成49年までの25年間，所得税額の2.1％の付加税が課されることになっています。例えば，所得税額が100万円の方は，それに加えて2万1千円を納めなければなりません。これは復興特別所得税といい，東日本大震災からの復興を図ることを目的とした施策に必要な財源を確保するために課されるものです。

　また，給与所得控除に上限が設定される予定です。給与収入金額が1,500万円を超える場合の給与所得控除については，245万円の上限を設けるというのです（給与収入金額が1,500万円の場合，給与所得控除は，180万円×40％＋(360万円－180万円)×30％＋(660万円－360万円)×20％＋(1,000万円－660万円)×10％＋(1,500万円－1,000万円)×5％＝245万円）。給与収入の1,000万円超の部分に対する給与所得控除の割合は5％で，現在のところ給与所得控除に上限はありません。給与収入金額が1,500万円を超えると，給与所得控除は245万円よりも多くなります。しかし，今後は給与収入金額が1,500万円を超えても，給与所得控除は245万円よりも多くならないこととされる予定です。これは高所得者に負担を求める措置です。

　なお，最高税率が引き上げられるかもしれません。現在のところ課税所得金額1,800万円超の部分に対する40％の税率が最高ですが，課税所得金額5,000万円超の部分に対する45％という税率が新たに設けられるかもしれないのです。平成27年分の所得税から適用される可能性があるのですが，これも高所得者に負担を求める措置です。

コラム いろいろな所得

本文では個人の所得として事業所得と給与所得しかとり上げていませんが、ほかにも、利子所得、配当所得、不動産所得、退職所得、譲渡所得、山林所得、一時所得、雑所得という8種類の所得があります。

利子所得とは、預貯金、国債などの利子の所得、配当所得とは、株式、出資の配当などの所得、不動産所得とは、土地、建物などを貸している場合の所得、退職所得とは、退職手当、一時恩給などの所得、譲渡所得とは、土地、建物、ゴルフ会員権などを売った場合の所得、山林所得とは、山林の立木などを売った場合の所得、一時所得とは、クイズの賞金、生命保険契約の満期返戻金など、一時的な所得、雑所得とは、恩給、年金などの所得と、営業でない貸金の利子など、以上の所得に当てはまらない所得です。

●事業所得と給与所得以外の所得

名　　称	概　　　要
利 子 所 得	預貯金、国債などの利子の所得
配 当 所 得	株式、出資の配当などの所得
不 動 産 所 得	土地、建物などを貸している場合の所得
退 職 所 得	退職手当、一時恩給などの所得
譲 渡 所 得	土地、建物、ゴルフ会員権などを売った場合の所得
山 林 所 得	山林の立木などを売った場合の所得
一 時 所 得	クイズの賞金、生命保険契約の満期返戻金など、一時的な所得
雑 所 得	恩給、年金などの所得と、営業でない貸金の利子など、以上の所得に当てはまらない所得

それらの計算方法も様々です。まず配当所得、不動産所得、譲渡所得、山林所得、一時所得、公的年金等以外の雑所得の金額は、収入金額から、それを得るために要した費用を引いて計算します。譲渡所得、山林所得、

一時所得の場合は、さらに特別控除を引きます。

　退職所得金額は収入金額から退職所得控除を引いて、公的年金等の雑所得は収入金額から公的年金等控除を引いて計算するのですが、これは給与所得金額の計算方法と同様です（給与所得金額は給与収入金額から給与所得控除を引いて計算）。ただし、退職所得の場合は、収入金額から退職所得控除を引いた額をさらに半分にします。退職所得は老後の生活資金となるものなので、課税が弱められているのです。

　利子所得の場合は、収入金額がそのまま所得金額になります。お金をそのまま寝かせておくだけなので、収入金額を得るために要した費用はないと考えるようです。

●所得金額の計算方法

利子所得金額 ＝ 収入金額

配当所得金額 ＝ 収入金額 － 株式などを取得するための借入金の利子

不動産所得金額 ＝ 収入金額 － 必要経費

退職所得金額 ＝ （ 収入金額 － 退職所得控除 ）÷ 2

譲渡所得金額 ＝ 収入金額 － 売却した資産の取得費・譲渡費用 － 特別控除

山林所得金額 ＝ 収入金額 － 必要経費 － 特別控除

一時所得金額 ＝ 収入金額 － 収入を得るために支出した費用 － 特別控除

公的年金等の雑所得金額 ＝ 収入金額 － 公的年金等控除

公的年金等以外の雑所得金額 ＝ 収入金額 － 必要経費

　そして、複数の所得がある場合、原則、すべての所得を合算して、それから所得控除を引いた額に税率を乗じて所得税額を計算します。さらに税額控除を引くことができる場合は、それを引いた額が納める所得税額になります。ただし、退職所得と山林所得のほか、一部の所得は、ほかの所得

から分離して,それに対する所得税額が計算されます。

　また,給与所得,事業所得,不動産所得,退職所得の間では損益通算ができることとされています。どういうことかといいますと,例えば,給与所得と事業所得があり,給与所得が1,000万円,事業所得が赤字のマイナス300万円の場合,両方を足した額700万円(=1,000万円-300万円)から所得控除を引いた額に税率を乗じて所得税額を計算するのです。

　しかし,雑所得と配当所得はほかの所得と損益通算ができないこととされています。したがって,例えば,給与所得と雑所得があり,給与所得が1,000万円,雑所得が赤字のマイナス300万円の場合,1,000万円から300万円を引くことはできず,給与所得1,000万円から所得控除を引いた額に税率を乗じて所得税額を計算することになります。

第3回　法人税について

　第3回目の「税法」の講義，今日は「法人税について」です。教室には既に高橋さんと佐藤くんが来ていて，今日は高橋さんが佐藤くんに会計について質問をしています。そんななか，今日も開始時間ぴったりに鈴木教授が教室にやって来ました。

鈴木教授

高橋さん

佐藤くん

◆ 利益と所得 ◆

鈴木教授：こんにちは。今日の講義は法人税についてです。前回説明した所得税は、個人の所得に対して課される税金でした。では、法人税は何に対して課される税金でしょうか？

佐藤くん：法人の所得に対して。

鈴木教授：そうですね。では、法人とはどのようなものでしょうか？

高橋さん：個人以外で権利義務の主体となれるものでしょうか？

鈴木教授：はい、例えばどのようなものがあるでしょうか？

高橋さん：やはり株式会社などの会社でしょうか？

佐藤くん：あと、学校法人や医療法人なども、「法人」と付くから、法人では？

鈴木教授：株式会社などの会社、学校法人、医療法人、いずれも法人です。法人には様々な形態があります。ですが、最も数が多いのは、やはり株式会社などの会社です。法人税は、企業の所得に対して課される税金と思っていいでしょう。では、法人の所得は、どのようにして計算するのでしょうか？

佐藤くん：収益から費用を引いて計算するのでは？

鈴木教授：収益から費用を引いて計算するのは利益ですよね。

佐藤くん：法人の利益と所得って、違うんですか？

鈴木教授：似ているのですが、違うんですねぇ。高橋さんはおわかりですか？

高橋さん：**益金**から**損金**を引いて計算するのでは？

鈴木教授：そのとおり。法人の所得は、益金から損金を引いて計算します。

佐藤くん：何ですか？益金と損金って？

鈴木教授：益金は収益と、損金は費用とほぼ等しいものです。したがって、法人の所得は、収益から費用を引いて計算する利益とほぼ等しいものです。

佐藤くん：「等しい」ではなくて「ほぼ等しい」ですか？

鈴木教授：はい，ほぼ等しいのです。ですから，似ているのですが，少し違うのです。

佐藤くん：紛らわしいですね。益金と収益，損金と費用，所得と利益，一緒にしてしまえばいいのに。どうして違うのですか？

鈴木教授：それぞれを定めている法律の考え方が異なるからです。企業が会社法に基づいて決算情報を開示するものを何といいますか？

佐藤くん：計算書類です。

鈴木教授：では，金融商品取引法に基づいて決算情報を開示するものは？

佐藤くん：財務諸表です。

高橋さん：会社法と金融商品取引法で異なるのですね。どちらも財務諸表だと思っていました。

鈴木教授：ちなみに計算書類と財務諸表の内訳はわかりますか？

高橋さん：貸借対照表，損益計算書，キャッシュ・フロー計算書？

鈴木教授：貸借対照表と損益計算書は，計算書類と財務諸表のいずれにも含まれるのですが，キャッシュ・フロー計算書はどちらかにしか含まれません。

高橋さん：計算書類と財務諸表の内訳は一緒ではないのですか？

鈴木教授：はい，佐藤くん，どうでしょう？

佐藤くん：計算書類は，貸借対照表，損益計算書，株主資本等変動計算書，個別注記表，財務諸表は，貸借対照表，損益計算書，キャッシュ・フロー計算書，株主資本等変動計算書かと。あと，計算書類には附属明細書が，財務諸表には附属明細表が附属します。

鈴木教授：そのとおり。附属明細書と附属明細表までいって頂いてありがとうございます。

高橋さん：勉強になります。

佐藤くん：いえいえ，一応会計専攻でしたので。

鈴木教授：では，なぜ会社法や金融商品取引法は，企業に対してそうした計算書類や財務諸表を開示することを求めているのでしょうか？

佐藤くん：株主，債権者，投資家といった企業の利害関係者に対して企業の内容を開示して，彼らを保護するためかと。
鈴木教授：そうですね。では，法人税法の目的は何でしょうか？こちらは，高橋さん，どうでしょう？
高橋さん：法人に，国に対して適正な税金を納めてもらうことでしょうか？
鈴木教授：はい，会社法や金融商品取引法と法人税法は目的がまったく異なります。ですので，益金と収益，損金と費用，所得と利益は等しくならず，それらの間には少しずれが生じるのです。
佐藤くん：なるほど。ということは，企業は，会社法や金融商品取引法に基づいて利益の計算を行うほかに，法人税法に基づいて所得の計算も行っているのですね？益金から損金を引いて。
高橋さん：いや，どうだろう。私は税金の担当ではないので，詳しくはわからないのだけれど，そんな面倒なことはしていないのでは？確か利益に何か調整を加えて所得を計算していたような。
佐藤くん：でも，それで所得を計算できるのですか？
鈴木教授：実は高橋さんのおっしゃるとおりなのです。実際のところ法人の所得は，益金から損金を引いて計算するのではなく，利益に対して調整を行って計算するのです。
佐藤くん：よくわからなくなってきました。
鈴木教授：法人の所得は，利益に対して，**益金不算入**，**益金算入**，**損金不算入**，**損金算入**といった調整を行って計算するのです。
高橋さん：はい，それです。そうした調整を行って計算していました。
佐藤くん：僕の方は初耳です。
鈴木教授：まず益金不算入とは，会計上は収益とされるが，法人税法上の益金とはされないものの額を引くことです。そうすることにより，その額だけ利益より所得が小さくなります。益金算入はそれとは逆のことです。高橋さん，どうでしょう？
高橋さん：会計上は収益とされないが，法人税法上の益金とされるものの額を

3 法人税について

足すことでしょうか？そうすることによって，その額だけ利益より所得が大きくなるのですよね。

鈴木教授：そうですね。益金不算入と益金算入がわかれば，損金不算入と損金算入がどのようなことか想像がつきますよね。佐藤くん，どうでしょう？

佐藤くん：う〜ん，自信がないのですが，まず損金不算入は，会計上は費用とされるが，法人税法上の損金とはされないものの額を足すこと。そうすることにより，その額だけ利益より所得が大きくなる。それに対して，損金算入は，会計上は費用とされないが，法人税法上の損金とされるものの額を引くこと。そうすることにより，その額だけ利益より所得が小さくなる。大丈夫でしょうか？

鈴木教授：ありがとうございます。そのとおりです。

―― <法人の所得金額> ――

法人の所得金額 ＝ 益　金 － 損　金

<利益から所得への調整>

調整項目	内　容
益金不算入	会計上は収益とされるが，法人税法上の益金とはされないものの額を引く
益金算入	会計上は収益とされないが，法人税法上の益金とされるものの額を足す
損金不算入	会計上は費用とされるが，法人税法上の損金とはされないものの額を足す
損金算入	会計上は費用とされないが，法人税法上の損金とされるものの額を引く

―― <実際の法人の所得金額の計算> ――

法人の所得金額 ＝ 利益 － 益金不算入項目
　　　　　　　＋ 益金算入項目 ＋ 損金不算入項目 － 損金算入項目

──────◆ 配当をもらっていたら？ ◆──────

鈴木教授：法人の所得は，利益に対して，益金不算入，益金算入，損金不算入，損金算入といった調整を行って計算します。そうした調整項目には様々なものがあるのですが，本日の講義ではそのうち主要なものをいくつかとり上げて説明することにします。まず**受取配当の益金不算入**について説明したいと思います。

佐藤くん：収益に受取配当がある場合，それを益金に算入しないということですか？

鈴木教授：そうです。なぜ受取配当は益金に算入しないのだと思いますか？

佐藤くん：なぜかまでは，ちょっと。

鈴木教授：前回の所得税の講義で説明した配当控除について思い出してください。税額控除の1つです。それは，個人に国内の企業からの配当所得がある場合，所得税額から一定額を引くことができるというものでしたが，その目的は何でしたでしょうか？

佐藤くん：確か所得税と法人税の間の二重負担を調整するためだったかと。企業の所得に対して法人税が課され，残った所得が株主に配当として支払われるわけですが，株主が受け取った配当にも所得税が課されると，企業の所得に対して法人税と所得税が二重に課されることになるからですよね。

鈴木教授：はい，実はその配当控除と受取配当の益金不算入とは同じ考えに基づくものなのです。わかりましたか？

佐藤くん：う〜ん，何となくわかったような。でも，すいません，上手く説明できないです。

鈴木教授：高橋さん，どうでしょう？

高橋さん：配当控除は，所得税と法人税の間の二重負担を調整するためのもの。受取配当の益金不算入の方は，法人税の二重負担を調整するためのものですよね。

3　法人税について

鈴木教授：そのとおり。もっと具体的に説明すると？
高橋さん：配当の支払先の企業の所得に対して法人税が課され，残った所得が配当として支払われるわけですが，その配当にも法人税が課されると，法人税を二重に課すことになってしまうため，受取配当を益金不算入とすることにより，それを防いでいるのですよね。
鈴木教授：ありがとうございます。佐藤くん，わかりましたか？
佐藤くん：はい，すっきりしました。
鈴木教授：なお，受取配当の益金不算入といっても，常に受取配当全額を益金不算入にできるとは限りません。益金に算入しない額は，配当の支払先の企業に対する出資比率により異なっていて，100％子会社からの配当であれば全額益金に算入しません。

◆ 引当金と減価償却 ◆

鈴木教授：次は引当金の損金不算入です。まず引当金とは何でしょうか？
佐藤くん：将来の資産の減少に備えて計上しておくものだと思います。
鈴木教授：そうですね。では，引当金には例えばどのようなものがあるのでしょうか？
佐藤くん：貸倒引当金，売上割戻引当金，返品調整引当金，製品保証引当金，賞与引当金，退職給付引当金，修繕引当金，あとは・・・
鈴木教授：そのくらいで結構です。ありがとうございます。
高橋さん：すごいですね。さすが会計専攻。
佐藤くん：いえ，成績はあまり良くなかったのですが。ただ，計算と暗記だけは得意なもので。
鈴木教授：そのように引当金には様々なものがあるのですが，法人税法で認められている引当金は，そのうち2つ，貸倒引当金と返品調整引当金だけなのです。佐藤くん，それらの引当金はどのようなものでしょうか？
佐藤くん：貸倒引当金は，売掛金や貸付金から貸し倒れになる可能性が高い金

額を引くもの,返品調整引当金は,販売した商品の返品に備えて計上しておくものです。

鈴木教授:ありがとうございます。法人税法ではその貸倒引当金と返品調整引当金しか認められていないため,それら以外の引当金を計上している場合は,損金不算入になります。

高橋さん:貸倒引当金と返品調整引当金以外の引当金を計上した場合は,その引当金を計上したときに発生した費用を損金に算入することができないということでしょうか?

鈴木教授:すいません,言葉足らずでしたね。そのとおりです。引当金を計上したときは,「~引当金繰入額」といった費用が発生します。法人税法で認められているのは貸倒引当金と返品調整引当金のみであるため,それら以外の引当金を計上した場合,その引当金を計上するときに発生した費用を損金に算入することができないのです。

佐藤くん:でも,どうして法人税法は貸倒引当金と返品調整引当金の2つの引当金しか認めていないのですか?

鈴木教授:公平な課税を行うためです。引当金を計上した時点では資産が減少しませんよね。法人税法は,引当金を計上したときに発生する費用をすべて損金に算入することを認めると,資産の減少がないにも関わらず,引当金の計上により所得の額が変化することになり,公平な課税が行えなくなると考えるのです。

佐藤くん:う~ん,会計を専攻していたせいか,ぴんと来ないですね。

鈴木教授:そうかもしれません。やはり会計と税法は考え方が異なりますからね。

高橋さん:ただ,法人税法も,すべての引当金を認めないというわけではなく,貸倒引当金と返品調整引当金は認めてあげようというわけですね。

鈴木教授:そうです。そこは少し会計に歩み寄って。引当金の損金不算入は,そのように公平な課税を行うためなのですが,**減価償却超過額の損金不算入**も同じ考え方に基づきます。佐藤くん,減価償却について

3　法人税について

　　　　　　説明して頂けますか？
佐藤くん：有形固定資産を費用すなわち減価償却費に変えるとともに，その価値を減らすことです。減価償却超過額の損金不算入ということは，減価償却費も，ある一定額までしか損金に算入することができないのですか？
鈴木教授：ありがとうございます。はい，減価償却費は基本的に損金に算入することができるのですが，法人税法は，資産の種類ごとに減価償却の方法を定めていて，その方法で計算した額を超える減価償却費が費用として計上されている場合，その額は損金に算入しないこととしているのです。
高橋さん：それも公平な課税を行うためなのですね？
鈴木教授：はい，法人税法は，引当金に対してと同様，そのように制限を設けておかないと，減価償却の方法次第で所得の額が変化することになり，公平な課税が行えなくなると考えるのです。

―――――――◆ **寄附金と交際費** ◆―――――――

鈴木教授：次は**寄附金の損金不算入**です。企業が寄附金を支払った場合，会計上その額は費用になりますが，法人税法上はすべて損金に算入されるわけではありません。ちなみに前回の所得税の講義で寄附金控除について説明しましたが，それはどのようなものでしたでしょうか？佐藤くん，どうでしょう？
佐藤くん：所得控除の1つで，所得税が課される個人の所得金額を計算するに当たって，公益性の高い寄附金の支出額の一部は引くことができるというものだったかと。
鈴木教授：そのとおり。個人の場合，寄附金の支出額すべてが所得控除として認められるわけではありません。公益性の高い寄附金の支出額の一部のみです。それと同様に，法人の場合も，費用に寄附金が計上されている場合，国や地方公共団体への寄附金など特に公益性の高い

ものはすべて損金に算入することができますが，そのほかは一部の額しか損金に算入することができないとされています。

高橋さん：引当金を計上した場合と減価償却を行った場合，費用は発生するけれども，資産は減少しません。そこで，法人税法は，公平な課税を行うために，そのときに発生した費用の損金算入を制限するというのは，何となくわかりました。ですが，寄附金を支払った場合，企業の資産は減少します。それなのに，なぜ法人税法は寄附金の損金算入を制限するのでしょうか？

鈴木教授：寄附金の損金不算入の目的は，引当金や減価償却超過額の損金不算入のそれとは異なります。まず収益と費用とは，そもそも何でしょうか？

高橋さん：説明するとなると。

鈴木教授：佐藤くん，どうでしょう？

佐藤くん：収益は，企業が事業を行って得たものの金額，費用は，その収益を得るために必要としたものの金額でしょうか？

鈴木教授：そうですね。では，寄附金は会計上費用に計上されますが，収益に結びつくでしょうか？

高橋さん：明確に結びつくとはいえないように思われます。

鈴木教授：はい，寄附金は少なくとも直接的には収益に結びつきません。ただお金が企業から出ていくだけですよね。法人税法が寄附金の損金算入を制限しているのは，それを無制限に認めると，法人の所得の減少を促すことになりかねないからなのです。

高橋さん：法人の所得が減少して，徴収することができる法人税の額が減少するのを防ぐためですか？政策的な理由ですね。

鈴木教授：そうですね。**交際費の損金不算入**も，同様に政策的な理由に基づくといえるかもしれません。交際費も，会計上は費用になりますが，法人税法上は損金に算入することができない場合があります。

佐藤くん：交際費って，取引先の人とお酒を飲んだりすることにかかる費用で

すよね。それは収益に結びつきそうですけど。

鈴木教授：確かに交際費は，取引先との関係を円滑にすることにより収益に結びつくかもしれません。しかし，適度な額であればいいかもしれませんが，必要以上に額が大きくなる可能性があります。必要以上の交際費は企業の成長にとってプラスとはいえないでしょう。

高橋さん：それで，法人税法は，必要以上の交際費の支出を抑えるために，交際費の損金算入を制限しているのですね。

佐藤くん：ある程度の交際費であれば，損金算入が認められるのですか？

鈴木教授：資本金が1億円以下の法人の場合は認められます。資本金が1億円以下の法人の場合は，交際費の年600万円までの部分はその1割を，600万円を超える部分はすべてを損金に算入することができないとされています。

高橋さん：資本金が1億円以下の法人の場合，交際費が年600万円までなら，その9割は損金に算入できるのですね。資本金が1億円を超える法人の場合は，どうなのでしょうか？

鈴木教授：資本金が1億円を超える法人の場合，交際費はすべて損金に算入することができません。

佐藤くん：厳しいですね。ある程度の交際費は必要だと思うのですが，まったく損金算入が認められないとは。

高橋さん：個人事業者でも交際費を支出することがあるかと思います。所得税法における交際費の取扱いはどうなっているのでしょうか？

鈴木教授：所得税法においては，個人事業者が交際費を支出した場合，所得金額を計算するうえですべて必要経費とすることができるとされています。

高橋さん：個人事業者の場合は，交際費をすべて必要経費として認めてあげても，徴収する所得税の額への影響が小さいからなのでしょうか？交際費の損金不算入は，できるだけ多くの法人税を徴収するためという感じがします。

鈴木教授：確かに交際費の損金不算入は厳しすぎるという意見があります。資本金が１億円を超える法人に対しても，ある程度の交際費の損金算入を認めてあげるべきかもしれませんね。

──────── ◆ なぜ税率は一定か？ ◆ ────────

鈴木教授：法人の所得は，利益に対して，益金不算入，益金算入，損金不算入，損金算入といった調整を行って計算します。そうした調整項目のうち主なものとして，受取配当の益金不算入，引当金の損金不算入，減価償却超過額の損金不算入，寄附金の損金不算入，交際費の損金不算入をとり上げました。法人税の額は，そうした調整を行って計算した所得金額に税率を乗じて計算します。では，法人税の税率は何％でしょうか？

佐藤くん：40％では？

鈴木教授：残念ながら違います。おそらく佐藤くんは法人の**実効税率**をいわれたのだと思います。後の講義であらためて説明しますが，法人の実効税率とは，法人税と地方税を合わせた法人の税負担率のことです。確かに法人の実効税率はおよそ40％です。

高橋さん：確か30％だったかと。

鈴木教授：そのとおり。法人税の税率は，法人の形態によって税率は異なりますが，会社の場合は30％です。なお，中小企業の場合は税率が抑えられていて，資本金１億円以下の企業の場合，所得金額のうち年800万円以下の部分に対しては18％，年800万円を超える部分に対しては30％とされています。

佐藤くん：税率は一定なのですね。

鈴木教授：はい，法人税の税率は一定です。そのように所得金額に関係なく税率が一定のものを**比例税率**といいます。税率が一定だと，税額が所得金額に比例するからです。それに対して，所得税の税率のように，税率が一定ではなく，所得金額が高くなるほど高くなるものを累進

税率といいます。そのうち所得税の税率を特に〜累進税率といったでしょうか？

佐藤くん：超過累進税率です。

鈴木教授：そうですね。課税所得金額が高くなるにつれて税率が高くなり，課税所得金額全体に１つの税率を乗じるものを単純累進税率，それに対して，課税所得金額をいくつかの区分にわけて，金額の高い区分になるにつれて税率が高くなっていくものを超過累進税率といいました。所得税の税率は超過累進税率でしたよね。

高橋さん：所得税の税率は超過累進税率なのに，法人税の税率は一定，比例税率なのですね。法人も，所得が多いほど担税力があるように思われますが。

鈴木教授：確かにそう思われますよね。法人税の税率も超過累進税率にした方が垂直的公平の実現につながりそうに。

佐藤くん：個人と違って，法人に対してはあまり公平について考えなくてもいいということですか？

鈴木教授：いえいえ，そういうわけではありません。先ほど引当金と減価償却超過額の損金不算入について説明しましたが，法人税法も，公平な課税を行おうとしています。ここで考えて頂きたいのですが，法人の所得は誰のものでしょうか？

佐藤くん：おかしな質問ですね。法人の所得は法人のものでは？

鈴木教授：そう思われるかと思います。確かに個人の所得は個人のものです。これについては誰も疑わないでしょう。しかし，法人の所得が誰のものなのかについては，実は２つの考え方があります。

高橋さん：法人の所得は法人のものではないとする考え方があるのですね。

鈴木教授：はい，法人の所得が誰のものなのかについては，**法人実在説**と**法人擬制説**という異なる考え方があるのです。

佐藤くん：法人実在説と法人擬制説？何だか難しそうですね。

鈴木教授：いえ，そんなに難しくはありません。まず法人実在説ですが，これ

は，法人はその出資者から独立した存在であり，法人の所得は法人自体の所得だという考え方です。

高橋さん：法人実在説では，法人の所得は法人のものと考える。それでは，法人擬制説では，法人の所得は法人のものではないと考えるのですか？

鈴木教授：はい，法人擬制説は，法人はその出資者がお金を出して運用している存在に過ぎず，法人の所得はその出資者のものだという考え方です。例えば，株式会社の場合，その所得は株主に配分されるので，株式会社の所得は結局株主のものだと考えるのです。

佐藤くん：なるほど，そうとも考えられますね。

高橋さん：法人税の税率が，所得税の税率と異なり，超過累進税率ではなく比例税率だということは，法人税法は法人擬制説を採用しているのでしょうか？

鈴木教授：そのとおり。法人税法が採用している考え方は法人擬制説の方です。法人実在説によると，法人に対しても個人と同様に超過累進税率で課税すべきということになります。それに対して，法人擬制説によると，法人への課税は不要で，法人の出資者に課税すればいいことになります。

佐藤くん：でも，法人にも課税して，法人税を徴収していますよね？

鈴木教授：確かに法人にも課税しています。しかし，それはあくまで所得税の一部分を前もって法人に支払ってもらうのだと考えているのです。そのため，税率は超過累進税率ではなく一定としているのです。

──────── ◆ 常に一定とは限らない？ ◆ ────────

鈴木教授：このように法人税の税率は基本的に一定です。しかし，個人に近い法人に対しては累進的な税率が課されることがあります。

佐藤くん：個人に近い法人？そんな法人があるのですか？

鈴木教授：少し言い方が変だったかもしれません。ある特定の者によって支配

されている企業のことです。そうした企業の場合，企業に残ったお金に対して累進税率で課税されるのです。

高橋さん：ある特定の者によって支配されている企業とは，具体的にはどのような企業のことをいうのでしょうか？

鈴木教授：1株主グループによる出資比率が50％を超える会社です。そうした会社を特定同族会社といいます。特定同族会社に対しては，その所得に対して，まずいま説明した比例税率で課税されます。そして，残った額の一部，これを**課税留保金額**というのですが，それに対してさらに累進税率で課税されるのです。ちなみにこの制度のことを**特定同族会社の留保金課税制度**といいます。

＜課税留保金額＞

課税留保金額 ＝ 所得金額 －（ 配当 ＋ 法人税等 ）
　　　　　　　－ 留保控除

（注）留保控除とは，所得等×40％，2,000万円，資本金×25％－利益積立金のうち最も大きい額

＜課税留保金額に対する税率＞

課税留保金額	税率
年3,000万円以下の金額	10％
年3,000万円を超える金額	15％
年1億円を超える金額	20％

佐藤くん：特定同族会社からはより多くの税金を徴収しようという制度ですか？特定同族会社に対して厳しい，何だか不公平な制度に思われますが。

鈴木教授：いや，そうではないのです。特定同族会社の留保金課税制度は，公平な課税を行うためのものです。法人の間に不公平が生じないようにするための制度ではなく，特定同族会社と個人事業者との間に不公平が生じないようにするための制度なのです。

高橋さん：実態が個人事業者のような企業の場合，比例税率で課税するだけでは足りないということですか？

鈴木教授：本来，企業に所得が生じれば，株主に配当として配分されるべきですよね。しかし，特定同族会社のような会社の場合はどうでしょうか？

佐藤くん：そうした会社の場合は，必ず所得が株主に配当として配分されるとは限らないのでは？経営者と株主が同じ場合が多いでしょうし，株主が配当を欲しがるわけではないのでは？

鈴木教授：はい，特定同族会社のような会社の場合，所得が株主に配当として配分されるとは限らず，企業の中にお金が残される傾向があります。先ほど説明したように，法人税法は，法人はその出資者がお金を出して運用している存在に過ぎず，法人の所得はその出資者のものだという考え方，法人擬制説を採用しています。法人税の税率が比例税率であるのは，法人税はあくまで所得税の一部分を前もって法人に支払ってもらっているものだと考えているからです。

高橋さん：ならば，出資者に配分されずに法人の中に残された所得に対しては，本来所得税が課されるべきといえますね。それで，課税留保金額に対する税率は累進税率なのですね。

鈴木教授：個人事業者の場合は，所得を得た時期に超過累進税率により課税されますよね。特定同族会社の中に残されたお金に課税しないと，個人事業者との間で不公平が生じてしまいます。

佐藤くん：でも，場合によっては，企業の中にお金を残しておくことも必要かと思うのですが。財政状態を安定化させる必要がある場合とか，投資にまわすお金が必要な場合とか。

鈴木教授：そうですね。特に中小企業は体力が弱く，内部にお金を残しておく必要があるかと思います。そのため，特定同族会社の留保金課税制度は，資本金1億円以下の中小企業に対しては適用されません。

3 法人税について

──────── ◆ 圧縮記帳で節税？ ◆ ────────

鈴木教授：国庫補助金や保険金などにより固定資産を取得した場合に，その固定資産の額を減額する処理を何というでしょうか？高橋さん，わかりますか？

高橋さん：圧縮記帳ですよね。

鈴木教授：そのとおり。では，圧縮記帳はなぜ行うのでしょうか？

高橋さん：すいません，なぜかまでは。

鈴木教授：佐藤くん，どうでしょう？

佐藤くん：利益，いや，ここでは所得ですね。おそらく所得の額を少なくするためだと思います。

鈴木教授：そうですね。もっと具体的に説明できますか？

佐藤くん：企業が国庫補助金をもらったときは国庫補助金受入益，保険金をもらったときは保険差益を計上しますが，それらはそのままだと益金に算入されて，課税されてしまうのだと思います。そこで，圧縮記帳をすると，〜圧縮損を計上するのですが，それは損金に算入されるので，所得の額を少なくすることができるのだと思います。

鈴木教授：ありがとうございます。では，なぜそのようにして所得の額を少なくするのでしょうか？

佐藤くん：徴収される税金の額を少なくするためでは？

鈴木教授：なぜ徴収される税金の額を少なくするのでしょうか？

佐藤くん：その方が企業にとって有利だからでは？

鈴木教授：確かにそうなのですが。高橋さん，どうでしょう？思いつきますか？

高橋さん：おそらくですが，国庫補助金や保険金の目的を達成するためでは？国庫補助金受入益や保険差益に課税されてしまうと，国庫補助金や保険金の目的を達成できなくなってしまうと思われます。

鈴木教授：そうです。まず国庫補助金は特定の目的のために交付されるもので

　　　　　　す。国庫補助金を受け取った場合，その額の国庫補助金受入益が計上され，それは益金に算入されますが，それに課税されると，国庫補助金の目的を達成できなくなってしまいます。

佐藤くん：なるほど，課税された分だけ国庫補助金の額が少なくなってしまうからですね。

鈴木教授：そうなのです。では，佐藤くん，保険差益とは何か，説明して頂けますか？

佐藤くん：受け取った保険金の額と被害を受けた資産の額との差額です。

鈴木教授：ありがとうございます。保険金は，災害などで被害を受けた資産の代わりの資産を取得するためのものです。保険差益に課税すると，課税された分だけ保険金の額が少なくなってしまいます。

高橋さん：代わりの資産の取得が困難になってしまうのですね。それで，国庫補助金や保険金により取得した固定資産の額を減額し，その減額した額を損金に算入して，益金である国庫補助金受入益や保険差益と相殺することにより，課税しないようにするのですね。

鈴木教授：そのとおりです。ですが，課税しないようにするのは，あくまでその時点だけなのです。

佐藤くん：その時点だけ？どういう意味ですか？

鈴木教授：圧縮記帳は，課税を免除する制度ではないのです。あくまで課税を繰り延べる制度なのです。

佐藤くん：繰り延べる？後で課税されるということですか？

鈴木教授：はい，圧縮記帳によって抑えられるのは，固定資産取得時に課税される額で，結局その後，抑えられた分だけ課税されることになるのです。なぜそうなるか，わかりますか？高橋さん，どうでしょう？

高橋さん：わからないのですが，圧縮記帳を行った場合，後で多くの税金を納めるための手続などが必要になるのですか？

鈴木教授：いえ，そうではありません。圧縮記帳を行うと，固定資産取得時に納める税金の額は少なくなるけれども，その後で納める税金の額は

自然と多くなるのです。
高橋さん：自然と多くなるのですか？すいません，見当もつきません。
鈴木教授：会計専攻だった佐藤くんなら，わかるかな？
佐藤くん：いやぁ，僕にふられても。
鈴木教授：圧縮記帳を行うと，減価償却費はどうなるかな？佐藤くん，ぴんと来ませんか？
佐藤くん：減価償却費？あぁ，そうか。おそらくですが，圧縮記帳を行うと，固定資産の額が小さくなるため，その後計上される減価償却費の額も小さくなります。固定資産取得時は，固定資産の額を減額した額を損金に算入するため，所得金額が小さくなりますが，その後は，損金である減価償却費の額が小さくなるため，その分所得金額が大きくなります。そのため，圧縮記帳を行うと，固定資産取得時に納める税金の額は少なくなるけれども，その後で納める税金の額は自然と多くなるのだと思います。
鈴木教授：そのとおり。ありがとうございます。
高橋さん：なるほど。ということは，圧縮記帳を行っても，課税される額は結局同じということですか？
鈴木教授：はい，圧縮記帳を行っても，節税できるわけではないのです。本日の講義はこれで終わりです。
高橋さん・佐藤くん：ありがとうございました。
鈴木教授：(時計を見て) 本日もちょうど10分前に終わりましたね。では，これから10分でミニテストを行います。一応，筆記用具以外の物はしまってください。
高橋さん・佐藤くん：はぁ～（ため息）。

≪圧縮記帳による所得金額の変動≫

〈圧縮記帳した場合 〉

固定資産取得時　　　　　　　圧縮損を計上するため，所得が小さく

固定資産取得後　　　　　　　　　減価償却費が小さいため，所得が大きく

〈圧縮記帳しない場合 〉

固定資産取得時　　　　　　　　　圧縮損を計上しないため，所得が大きく

固定資産取得後　　　　　減価償却費が大きいため，所得が小さく

法人税ミニテスト

学籍番号	
氏　　名	

以下の文章中の（　）に当てはまる用語を文章下の用語リストの中から選んで答えなさい。なお、同じ用語を何度選んでも構わない。

・法人の所得は，（　1　）から（　2　）を引いて計算する。

・法人の所得の実際の計算は，会計上の利益に対して調整を加えて行う。その調整のうち，会計上は収益とされるが，法人税法上の益金とはされないものの額を引くことを（　3　），会計上は収益とされないが，法人税法上の益金とされるものの額を足すことを（　4　），会計上は費用とされるが，法人税法上の損金とはされないものの額を足すことを（　5　），会計上は費用とされないが，法人税法上の損金とされるものの額を引くことを（　6　）という。

・そうした利益から所得への調整項目のうち主なものとして，受取配当の（　7　），引当金の（　8　），減価償却超過額の（　9　），寄附金の（　10　），交際費の（　11　）がある。

・法人税法で認められている引当金は（　12　）引当金と（　13　）引当金のみである。

・資本金が（　14　）円を超える法人の場合，交際費はすべて損金に算入することができない。そして，資本金が（　14　）円以下の法人の場合は，交際費の年（　15　）円までの部分はその（　16　）割を，（　15　）円を超える部分は全額を損金に算入することができない。

- 法人の所得が誰のものなのかについては，法人はその出資者がお金を出して運用している存在に過ぎず，法人の所得はその出資者のものだという考え方，すなわち法人（ 17 ）説と，法人はその出資者から独立した存在であり，法人の所得は法人自体の所得だという考え方，すなわち法人（ 18 ）説の２つがある。法人税法が採用しているのは法人（ 19 ）説の方である。

- １株主グループによる出資比率が50％を超える会社，すなわち（ 20 ）会社の場合，その所得に対してまず比例税率で課税された後，残った額の一部に対して累進税率により課税される。

<用語リスト>

擬制, 実在, 特定同族, 益金, 損金, 益金不算入, 益金算入, 損金不算入, 損金算入, １億, 600万, １, 貸倒, 売上割戻, 返品調整, 製品保証, 賞与, 退職給付, 修繕

<解答欄>

1		2		3		4	
5		6		7		8	
9		10		11		12	
13		14		15		16	
17		18		19		20	

法人税の改正について

　本文では法人税の税率を30％と記載していますが、平成24年4月以降開始の事業年度から25.5％に引き下げられることになっています。しかし、平成24年度から平成26年度までの3年間（正確には、平成24年4月から平成27年3月までの間に最初に開始する事業年度開始の日から同日以後3年を経過する日までの期間内の日の属する事業年度）は、加えて法人税額の10％（したがって、所得金額の2.55％（＝法人税率25.5％×10％））が復興特別法人税として課されることになっています。復興特別法人税とは、復興特別所得税と同じく、東日本大震災からの復興を図ることを目的とした施策に必要な財源を確保するために課されるものです。したがって、平成24年度から平成26年度までの3年間の実質的な法人税率は28.05％（＝25.5％＋2.55％）ということになります。

　なお、法人実効税率は、法人税率が30％の段階では約40％ですが、法人税率が25.5％に下がる段階で約5％下がります。しかし、復興特別法人税を加えた実質的な法人税率28.05％に上がる段階で少し上がり、結局約38％になります。

　中小企業の軽減税率も、さらに引き下げられます。資本金1億円以下の企業の場合、所得金額のうち年800万円以下の部分に対しては18％とされていましたが、平成24年4月以降開始の事業年度から3年間は15％とされます。しかし、復興特別法人税が課されますので、それを加えると、所得金額のうち年800万円以下の部分に対する実質的な法人税率は16.5％（＝15％＋15％×10％）ということになります。

　また、貸倒引当金の取扱いが変わることとされています。貸倒引当金を計上したときに発生した費用を損金に算入することができる法人が、銀行・保険会社等及び中小法人等に限定されることになるのです。それ以外の法人の場合、平成24年度以降損金に算入できる額が少なくされ、平成27年度以降は完全に損金に算入できなくなってしまいます。

コラム　いろいろな法人

本文では株式会社などの会社を念頭に置きながら説明しましたが、法人税が課される法人には様々な形態があります。法人税が課される法人は、普通法人、公益法人等、協同組合等、人格のない社団等に分けられるのですが、このうち普通法人とは、株式会社などの会社のほか、医療法人などのことをいいます。

公益法人等とは、一般社団法人、一般財団法人、公益社団法人、公益財団法人、学校法人、社会福祉法人、宗教法人、特定非営利活動法人（いわゆるNPO法人）などのことを、協同組合等とは、農業協同組合、漁業協同組合などのことをいうのですが、両者は法人税法上優遇されています。公益法人等の場合、本業ではない収益事業から生じた所得に対しては課税されるのですが、本業の公益事業から生じた所得に対しては課税されません。例えば、学校法人の場合、教育事業から生じた所得に対しては課税されませんが、物品販売業などから生じた所得に対しては課税されることになります。

それに対して、協同組合等の場合は、すべての所得に対して課税されるのですが、税率が低くされています（これまでは22％、平成24年4月以降開始の事業年度から19％に）。

なお、人格のない社団等とは、法人格は持たないものの実質的に法人と同様の活動をしている団体で、例えば、町内会、マンションの管理組合、学会などが該当します。それらは法人ではないのですが、法人税法上は法人とみなされ、収益事業から生じた所得に対しては課税されることになります。

第4回　相続税について

　第4回目の「税法」の講義，今日は「相続税について」です。教室には既に高橋さんが来ていますが，佐藤くんは未だのようです。開始時間直前に佐藤くんが息を切らして教室に駆け込んで来ました。その後を追うように今日も開始時間ぴったりに鈴木教授が教室にやって来ました。

鈴木教授

高橋さん 　　　　　　　　　佐藤くん

──────── ◆ 相続税は身近な税金？ ◆ ────────

鈴木教授：佐藤くん，廊下を走ってはいけません。
佐藤くん：すいません。少し寝坊をして，電車に乗り遅れてしまったので。
鈴木教授：昨夜飲みすぎましたか？
佐藤くん：ええ，まあ・・・
鈴木教授：では，講義に入りましょう。今日の講義は相続税についてです。皆さん，相続税について心配されていますか？
佐藤くん：実家に大した財産があるわけではありませんが，長男なので，いつか考えなければならないかもしれません。
鈴木教授：高橋さんは，昨年贈与税を納めたとのことですので，既にいろいろと考えられているのでしょうか？
高橋さん：いえ，私の実家は決して資産家というわけではありませんが，父がいろいろと考えてくれているようです。
鈴木教授：そうですか。なぜ初めにそのような質問をしたかといいますと，相続は多くの方に生じる身近な問題なのですが，相続税の方は，実はそれほど身近な税金ではないからです。
佐藤くん：相続は身近だけど，相続税は身近ではない？どういうことですか？
高橋さん：相続をしても，相続税を課されることはあまりないということでしょうか？
鈴木教授：そのとおり。相続に当たって相続税を課されるケースは，実は少数なのです。
佐藤くん：そうなのですか？相続税が大変だという話をよく聞きますが。
鈴木教授：おそらく相続税が大変だといっている人達には共通点があるかと思うのですが，それは何でしょう？
佐藤くん：共通点ですか？う～ん，男性もいたし，女性もいたし，50代も40代も30代も・・・
鈴木教授：性別や年齢ではありません。高橋さん，どうでしょう？何か思い当

4 相続税について

たりませんか？

高橋さん：そうですね，私の周りで相続税が大変だといっている人達というと，ご実家が割りとお金持ちの人達のような感じがします。

鈴木教授：佐藤くんの周りで相続税が大変だといっている人達はどうでしょうか？ご実家が割りとお金持ちの人達ですか？

佐藤くん：そういわれると，確かに。僕の周りで相続税が大変だといっている人達も，ご実家が割りとお金持ちの人達のような感じが。共通点って，それですか？

鈴木教授：はい，実はある程度の額の遺産を相続しない限り，相続税を課されることはないのです。

佐藤くん：ある程度の額？どのくらいの遺産を相続すると，相続税を課されるのですか？

鈴木教授：相続税額の計算方法の詳細については後で説明しますが，基本的には財産の額に税率を乗じて計算します。しかし，相続した遺産の額そのものに税率を乗じるのではありません。所得税額も，所得金額に税率を乗じるのではありませんでしたよね。

佐藤くん：所得税額は，所得金額から様々な所得控除を引いた額に税率を乗じて計算しました。

鈴木教授：相続税額を計算する場合も，遺産の額から一定額を引いた額に税率を乗じて計算します。ここで，遺産の額から一定額を引いた額を課税遺産額ということにします。

高橋さん：遺産の額から様々な控除を引いて課税遺産額を計算するのでしょうか？

鈴木教授：いえ，課税遺産額を計算するに当たって遺産額から引くのは基礎控除のみです。その基礎控除はいくらだと思いますか？

高橋さん：所得税における基礎控除の額は38万円でしたが，課税遺産額を計算するに当たって遺産額から引くのは基礎控除のみということは，それよりも大きいかと思いますが。

鈴木教授：課税遺産額を計算するに当たって遺産額から引く基礎控除は，5,000万円＋1,000万円×法定相続人数です。佐藤くん，ご両親は健在ですか？
佐藤くん：はい，いたって元気です。
鈴木教授：ご兄弟は？
佐藤くん：弟がいます。
鈴木教授：そうすると，あくまで仮のお話ですが，佐藤くんのお父様が亡くなられて，その遺産を相続する場合，法定相続人は，佐藤くん，そして，佐藤くんのお母様とご令弟の3人なので，基礎控除は，5,000万円＋1,000万円×3＝8,000万円になります。
佐藤くん：そんなに遺産はなさそうですけど。
鈴木教授：佐藤くんのお父様が持たれている財産の額はわかりませんが，もしも遺産額が8,000万円以下であれば，そもそも相続税は課されません。
佐藤くん：相続税の心配はしなくてよさそうです。
高橋さん：課税遺産額を計算するに当たって遺産額から引く基礎控除がそのように高額なので，そもそもある程度の額の遺産を相続しない限り，相続税は課されない。それで，周りで相続税が大変だといっている人達は，ご実家が割りとお金持ちの人達のような感じがしたのですね。

＜課税遺産額＞

課税遺産額 ＝ 遺産額 － 基礎控除

基礎控除 ＝ 5,000万円 ＋ 1,000万円 × 法定相続人数

◆ **相続の基礎知識** ◆

佐藤くん：先生，基礎控除の計算のところで「**法定相続人**」という言葉が出てきましたが，法定相続人とは，配偶者と子のことですか？

4　相続税について

鈴木教授：相続税について説明する前に，まず相続について説明しておいた方がよさそうですね。相続については何という法律において定められているか，わかりますか？

佐藤くん：相続税法では？

鈴木教授：相続税法は相続税について定めている法律です。相続については別の法律で定められています。高橋さん，わかりますか？

高橋さん：民法かと思うのですが。

鈴木教授：そのとおり。相続については民法で定められています。民法において，遺産を相続する者や相続する割合が定められているのです。

佐藤くん：民法で定められた遺産を相続する者が法定相続人ですか？

鈴木教授：はい，遺産を相続する者，そして，相続する割合は，実際には亡くなった方の遺言の内容などによって様々ですが，相続すべき者，そして，相続すべき割合は，民法によって定められています。その民法によって定められた相続すべき者を法定相続人，相続すべき割合を**法定相続分**といいます。

高橋さん：「相続すべき」ということは，仮に亡くなった方による遺言がなく，法定相続人の間で相続する割合についての意見がなければ，法定相続人のそれぞれが法定相続分の遺産を相続するということでしょうか？

鈴木教授：そういうことです。まず法定相続人ですが，亡くなった方の配偶者，子，直系尊属，兄弟姉妹のいずれかになります。

佐藤くん：直系尊属？

鈴木教授：亡くなった方の父母や祖父母などのことです。

高橋さん：いずれかが法定相続人になるということは，常にそれらの者がすべて法定相続人になるわけではないということですか？

鈴木教授：そのとおりです。今日の高橋さんは特に鋭いですね。

高橋さん：いえ，そんなことはありませんが。

鈴木教授：常にそれらの者がすべて法定相続人になるわけではなく，また，ど

の者が法定相続人になるかによって，法定相続分も異なってくるのです。

佐藤くん：先ほど先生は，僕のほか，僕の母と弟を法定相続人といわれましたよね。父に父母や兄弟姉妹がいるのかを確認せずに。ということは，配偶者と子がいる場合は，配偶者と子が法定相続人になるということでしょうか？

鈴木教授：今日は佐藤くんも鋭いですね。そのとおりです。

佐藤くん：そういってもらえると，うれしいです。

鈴木教授：法定相続人は，亡くなった方の配偶者，子，直系尊属，兄弟姉妹のいずれかなのですが，配偶者と子が1位，配偶者と直系尊属が2位，配偶者と兄弟姉妹が3位というように順位付けがされていて，その順位に沿って法定相続分が定められています。

佐藤くん：亡くなった方に配偶者と子がいる場合は，配偶者と子が法定相続人に，子がいなくて配偶者と直系尊属がいる場合は，配偶者と直系尊属が法定相続人に，子と直系尊属がいなくて配偶者と兄弟姉妹がいる場合は，配偶者と兄弟姉妹が法定相続人になるということですね。

鈴木教授：そうです。なお，もしも子と兄弟姉妹が亡くなっている場合は，その子，すなわち亡くなった方の孫，甥，姪が代わりに相続することになります。ちなみにそれを**代襲相続**といいます。

高橋さん：法定相続分も異なってくるというのは，それぞれの場合によって，法定相続人の間で相続する割合が異なるということですか？

鈴木教授：はい，まず配偶者と子が法定相続人の場合，法定相続分は，配偶者が2分の1，子が2分の1です。子が複数いる場合は，彼らの間で均等に分けます。なお，子が亡くなっている場合は，その子，すなわち亡くなった方の孫が代わりに相続することになります。

高橋さん：配偶者と直系尊属が法定相続人の場合と，配偶者と兄弟姉妹が法定相続人の場合，法定相続分は2分の1ずつではないのですね。

鈴木教授：配偶者と直系尊属が法定相続人の場合ですと，法定相続分は，配偶

者が3分の2，直系尊属が3分の1です。直系尊属が複数いる場合は，彼らの間で均等に分けます。

佐藤くん：子よりも直系尊属の方が，法定相続分が少ないんですね。そして，その分だけ配偶者の法定相続分が多くなる。

鈴木教授：子，直系尊属，兄弟姉妹の順に法定相続分は少なくなります。そして，少なくなった分だけ配偶者の法定相続分が多くなります。それでは，配偶者と兄弟姉妹が法定相続人の場合，法定相続分はどうなると思いますか？

佐藤くん：配偶者と子が法定相続人の場合，法定相続分は，配偶者が2分の1，子が2分の1，配偶者と直系尊属が法定相続人の場合，法定相続分は，配偶者が3分の2，直系尊属が3分の1。子，直系尊属，兄弟姉妹の順に法定相続分は少なくなり，少なくなった分だけ配偶者の法定相続分が多くなる。ということは，配偶者と兄弟姉妹が法定相続人の場合，法定相続分は，配偶者が4分の3，兄弟姉妹が4分の1？

鈴木教授：そのとおり。今日の佐藤くんは本当に鋭いですね。

佐藤くん：いえ，本当にただ何となくです。子が2分の1，直系尊属が3分の1なら，何となく兄弟姉妹は4分の1かなと。

鈴木教授：配偶者と兄弟姉妹が法定相続人の場合，法定相続分は，配偶者が4分の3，兄弟姉妹が4分の1です。兄弟姉妹が複数いる場合は，彼らの間で均等に分けます。なお，兄弟姉妹が亡くなっている場合は，その子，すなわち亡くなった方の甥または姪が代わりに相続することになります。

<法定相続人と法定相続分>

法定相続人	法定相続分
配偶者 子	配偶者　2分の1 子（注）　2分の1（複数の場合は均分）
配偶者 直系尊属	配偶者　3分の2 直系尊属　3分の1（複数の場合は均分）
配偶者 兄弟姉妹	配偶者　4分の3 兄弟姉妹（注）　4分の1（複数の場合は均分）

（注）死亡している場合は，その子が代わりに相続（代襲相続）

◆ 少し複雑な相続税額の計算 ◆

鈴木教授：それでは，相続税額の計算の仕方についての説明に入りましょう。どのようにすれば，相続税額が出ると思われますか？

佐藤くん：課税遺産額に相続税の税率を乗じるのでは？

鈴木教授：高橋さんはどう思われますか？

高橋さん：私も，課税遺産額に相続税の税率を乗じるのだと思いますが。

鈴木教授：確かに普通に考えると，そうだろうと思います。しかし，違うのです。実は相続税額の計算は，相続税の総額の計算と納付税額の計算という2段階があるのです。

佐藤くん：相続税の総額の計算と納付税額の計算？どういう計算を行うのか見当がつきませんが，相続税の総額を計算した後，納付税額を計算するということですか？

鈴木教授：そうです。まず課税遺産額を法定相続人に法定相続分で分けます。実際の相続割合は異なるとしても，とりあえず法定相続人に法定相続分で分けます。そして，分けられた額に税率を乗じて，それを合計して相続税の総額を計算します。

高橋さん：それが1段階目の相続税の総額の計算ですか？

鈴木教授：はい，次に，そのようにして計算した相続税の総額を実際の相続割合で分けます。そして，分けられた額から税額控除を引いて納付税

4 相続税について

　額を計算するのです。

高橋さん：相続税にも税額控除があるのですね。

鈴木教授：相続税においても，最後に納付税額を計算するに当たって引くことができる税額控除がいくつかあります。それについては後で説明します。

佐藤くん：相続税の総額を計算した後，納付税額を計算するというのはわかりましたが，イメージしにくいですね。

鈴木教授：例えば，亡くなった方に配偶者と子がいて，実際は配偶者が3分の2，子が3分の1を相続する場合であっても，まず課税遺産額を配偶者と子に2分の1ずつ分けて，それに税率を乗じます。そして，それを合計した額を配偶者3分の2，子3分の1に分けて，それぞれから税額控除を引いて納付税額を計算するのです。これならどうでしょう？おわかり頂けましたか？

佐藤くん：はい，よくわかりました。でも，どうしてそんな面倒な計算を行うのでしょうか？

鈴木教授：相続税額の決め方について2つの考え方があるからです。所得税も法人税も，所得金額をもとに税額を決めました。では，相続税額は何をもとに決めるべきでしょうか？

佐藤くん：相続人が取得する財産の額ではないのですか？

鈴木教授：高橋さんはどう思われますか？

高橋さん：私も相続人が取得する財産の額かと思うのですが，遺産の額のような気もします。

佐藤くん：遺産の額か，そういわれると，そんな気も。

鈴木教授：所得税額と法人税額の決め方について考え方の対立はありません。どちらも所得金額をもとに決めるべきであると考えられています。しかし，相続税額の決め方については，相続人が取得する財産の額をもとに決めるべきという考え方と，遺産の額をもとに決めるべきという考え方があるのです。

高橋さん：両方の考え方を踏まえた結果，2段階の計算を行うことになったのですか？

鈴木教授：そうなのです。ただ，そのように2つの考え方を踏まえた計算方法にしてしまったため，相続税額の計算においては，不公平と思われるような事態が生じることがあるのです。どのような事態か，わかりますか？

高橋さん：相続人が取得する財産の額だけをもとに相続税額を決めるわけではないということは，取得した財産が同額の者の間で負担する相続税額が異なることがあるのでしょうか？

鈴木教授：そのとおり。取得した財産が同額でも，相続税額は異なるという事態が生じることがあるのです。

佐藤くん：そんなことあるのですか？

鈴木教授：具体例をあげて考えてみましょう。まず亡くなった方には6,000万円の遺産がありました。その亡くなった方の子供1人がその遺産をすべて相続しました。その亡くなった方には，その子供以外に法定相続人はいませんでした。この場合，6,000万円の遺産を相続したその子供には相続税が課されるでしょうか？

高橋さん：課されないのでは？

鈴木教授：なぜ？

高橋さん：その場合，基礎控除が5,000万円＋1,000万円×1＝6,000万円で，課税遺産額は0円になってしまうからです。

鈴木教授：そうですね。この場合は相続税が課されません。では，次の場合はどうでしょう？亡くなった方には12,000万円の遺産がありました。その亡くなった方の子供2人がその遺産を6,000万円ずつ相続しました。その亡くなった方には，その子供以外に法定相続人はいませんでした。この場合，6,000万円ずつ遺産を相続したその子供達には，それぞれ相続税が課されるでしょうか？今度は佐藤くん，どうでしょう？

佐藤くん：まず基礎控除は5,000万円＋1,000万円×2＝7,000万円なので，課税遺産額は12,000万円－7,000万円＝5,000万円。それを二人に2,500万円ずつわけて，それに税率を乗じて……んっ，その場合は相続税が課されそうですね。

鈴木教授：はい，相続税の税率については後で説明しますが，この場合は相続税が課されます。前者の例も後者の例も，相続する額は6,000万円です。それなのに，前者の例では相続税が課されず，後者の例では相続税が課されてしまいます。

佐藤くん：不公平ですね。水平的公平の考え方に反しているのでは？

鈴木教授：おっ，水平的公平を覚えていましたね。

高橋さん：相続税額は相続人が取得する財産の額だけをもとに決めた方がいいのではないでしょうか？その方が公平だと思われます。

鈴木教授：確かにそうですね。現在の相続税額の計算方法では，今お話したような不公平な事態が生じてしまいます。相続税額の計算方法については，抜本的な見直しが必要かもしれません。

<相続税額の計算>

順番	計 算 過 程	
1	課税遺産額を法定相続分で按分	相続税の総額の計算
2	1で按分したそれぞれの額に税率を乗じる	
3	2で計算した額を合計して相続税の総額を計算	
4	相続税の総額を実際の相続割合で按分	納付税額の計算
5	4で按分したそれぞれの額から税額控除を引いて納付税額を計算	

◆ 累進税率？比例税率？ ◆

鈴木教授：所得税の税率は超過累進税率，法人税の税率は比例税率でした。では，相続税の税率はどうでしょうか？課税遺産額を法定相続分で分けて，それに乗じる税率です。

高橋さん：相続税も，所得税と同様に個人の財産の取得に対して課される税金なので，超過累進税率では？

鈴木教授：そうです。相続税の税率も超過累進税率です。したがって，遺産の額が大きいほど税額が大きくなります。佐藤くん，相続税の税率が超過累進税率であることについて，どう思われますか？所得税の税率が超過累進税率であることについて，佐藤くんは不公平に思われていたようですが。

佐藤くん：所得と違って，相続は個人の努力とかに関係のない財産の取得なので，相続税の税率が超過累進税率であることについては，特に不公平に思わないですね。自分に関係がないからかもしれませんが。

鈴木教授：高橋さんはどうですか？

高橋さん：私も仕方がないのかなと思います。やはりそうしないと，持つ者と持たない者の格差が広がっていってしまうと思いますので。

鈴木教授：なるほど，お二人とも同じお考えのようですが，少しニュアンスが違うようですね。やはり税金についての考え方は，置かれた状況によって変わってくるのでしょう。

佐藤くん：持つ者と持たない者の違いですね。私は持たない者。

高橋さん：私も持つ者ではありませんよ。

鈴木教授：具体的な税率の説明に移ります。課税遺産額を法定相続分で分けて，それに乗じる税率ですが，1,000万円以下の部分に対しては10％，1,000万円超3,000万円以下の部分に対しては15％，3,000万円超5,000万円以下の部分に対しては20％，5,000万円超1億円以下の部分に対しては30％，1億円超3億円以下の部分に対しては40％，3億円超の部分に対しては50％です。

高橋さん：やはり所得税の場合よりも区分の幅が広いのですね。

鈴木教授：そうですね。やはり相続税が課されるのは高額な財産ですから。では，具体例で考えてみましょう。例えば，課税遺産額が3,000万円で，配偶者と父が法定相続人の場合，相続税の総額はいくらになる

でしょう?計算が得意な佐藤くん,お願いします。

佐藤くん:配偶者と父が法定相続人ですか。父は直系尊属でしたっけ?

鈴木教授:はい,父は直系尊属ですね。

佐藤くん:とすると,法定相続分は配偶者3分の2,父3分の1なので,まず課税遺産額3,000万円を配偶者に2,000万円,父に1,000万円と分ける。そして,配偶者の2,000万円に対しては,1,000万円×10% + (2,000万円 − 1,000万円)×15% = 250万円,父の1,000万円に対しては,1,000万円×10% = 100万円というように税率を乗じる。それぞれ税率を乗じて計算した額250万円と100万円を合計して,相続税の総額は350万円です。

鈴木教授:そのとおり。相変わらずすごいですね。

高橋さん:すごいなぁ。

佐藤くん:いえいえ。

鈴木教授:そのようにして計算した相続税の総額を実際の相続割合で分けた後,分けられた額から税額控除を引けば,納付税額が出ます。

<相続税の税率>

法定相続分の額	税率
1,000万円以下の部分	10%
1,000万円超 3,000万円以下の部分	15%
3,000万円超 5,000万円以下の部分	20%
5,000万円超 1億円以下の部分	30%
1億円超 3億円以下の部分	40%
3億円超の部分	50%

◆ 配偶者は相続税と無縁? ◆

佐藤くん:次は税額控除の説明ですね。

鈴木教授:はい,所得税の納付税額を計算するに当たっては,配当控除などの税額控除を引くことができますが,相続税の納付税額を計算するに

当たっても，引くことができる税額控除があります。

高橋さん：相続税の場合，税額控除の額も大きそうですね。

鈴木教授：そうですね。課税遺産額を計算する際に遺産額から引く基礎控除も高額ですが，税額控除も，特に配偶者の納付税額を計算する際に引くものが高額です。**配偶者控除**というのですが，配偶者の納付税額を計算するに当たっては，取得した財産の法定相続分または1億6千万円のいずれか大きい金額に対応する税額，すなわち法定相続分または1億6千万円のいずれか大きい額に税率を乗じた額を引くことができるのです。

高橋さん：ということは，配偶者は，相続する財産が法定相続分以下または1億6千万円以下の場合，相続税が課されないということですか？

鈴木教授：そういうことです。

佐藤くん：配偶者で相続税を納める人って，めったにいないのでは？

鈴木教授：配偶者は，相続において極めて優遇されているといえます。法定相続人と法定相続分の規定でも優遇されていましたよね。

高橋さん：やはり後に残された配偶者には財産を残しておいてあげようという配慮なのでしょうか？

鈴木教授：主な税額控除としては，ほかに**未成年者控除**と**障害者控除**があるのですが，それらも同様の配慮に基づくものです。まず未成年者控除は，未成年者である相続人に配慮した制度で，未成年者の納付税額を計算するに当たっては，その者が20歳に達するまでの年数に6万円を乗じた金額を引くことができるというものです。

佐藤くん：配偶者と比べてあまり優遇されていませんね。20歳に達するまでの年数に6万円を乗じた金額といわず，もっと大きな金額を引くことができればいいのに。後に残された未成年者も大変なはずです。

鈴木教授：そうした批判は障害者控除にも当てはまるかと思います。障害者控除とは，障害者である相続人に配慮した制度で，障害者の納付税額を計算するに当たっては，その者が85歳に達するまでの年数に6万

円,特別障害者の場合は12万円を乗じた金額を引くことができるというものです。確かに未成年者と障害者に対する税額控除はもっと大きな金額にしてあげるべきかもしれませんね。

<主な税額控除>

名　　称	概　　　　要
配偶者控除	相続人が配偶者である場合に認められる（取得した財産の法定相続分または1億6千万円のいずれか大きい金額に対応する税額）
未成年者控除	相続人が未成年者である場合に認められる（20歳に達するまでの年数×6万円）
障害者控除	相続人が障害者である場合に認められる（85歳に達するまでの年数×6万円（特別障害者の場合は12万円））

◆ 亡くなる前に財産をもらったら ◆

佐藤くん：これで相続税の説明は終わりですよね。それでは,ミニテストですか？

鈴木教授：はい,相続税の説明は以上です。ですが,まだ少し時間がありますので,説明を続けます。

佐藤くん：でも,相続税の説明は終わったのでは？

鈴木教授：相続税の説明は終わりましたので,引き続き贈与税の説明をします。

佐藤くん：贈与税？

鈴木教授：相続税は,相続により財産を取得した者に対して課される税金です。では,贈与税は,どのような者に対して課される税金でしょうか？

佐藤くん：贈与を受けた者に対してでは？

鈴木教授：確かにそうなのですが,もう少し具体的にいうと？相続税は,相続により財産を取得した者に対して課される税金であるのに対して,贈与税は？

佐藤くん：すいません,それ以上は思い浮かばないです。

鈴木教授：1回目の講義で少し触れたのですが。では,高橋さん,どうでしょ

う？確か1回目の講義でも答えて頂いたかと思いますが。
高橋さん：ある人が亡くなる前にその人の財産が譲渡されて，その財産を取得した者に対して課される税金かと思います。
鈴木教授：そうですね。佐藤くん，思い出しましたか？
佐藤くん：そういえば，聞いた記憶が。
鈴木教授：贈与税は，相続税法において相続税とセットで定められていて，相続税と密接な関係にある税金です。もしも贈与税がなかったら，どんな問題が生じると思いますか？相続税に対する影響です。
佐藤くん：贈与税がなかったら，相続税がどうなるかですか？
鈴木教授：はい。自分に多額の財産があって，もしも自分が亡くなったら，自分の配偶者と子がその財産を相続する。その場合，相続税は課されるが，贈与税は課されないとしたら，どうしますか？
佐藤くん：自分が亡くなる前に贈与してしまうと思います。
鈴木教授：そうですよね。ということは，贈与税がなかったら，相続税はどうなりますか？
佐藤くん：相続税を納める者はいなくなってしまいますね。なるほど，贈与税がないと，相続税は成り立たないのですね。そのように相続税と贈与税が密接な関係にあるということは，両者の税額の計算方法などの内容は同じなのですか？
鈴木教授：いえ，ところが，違うのです。高橋さんは昨年贈与税を納められたとのことですが，贈与税額の計算方法はおわかりですか？
高橋さん：いえ，税理士さんに頼みましたので。ただ，その際，税理士さんの説明を聞いたのですが，相続税額の計算のように複雑ではなかったように記憶しています。
鈴木教授：そうなのです。贈与税額の計算は，相続税と異なり簡単です。取得した財産の額から一律110万円の基礎控除を引いた額に税率を乗じるだけなのです。
高橋さん：確か財産を取得した者が配偶者の場合は，取得した財産の額から

もっと引くことができたように思うのですが。

鈴木教授：贈与税においても配偶者は優遇されています。婚姻期間が20年以上の配偶者から，居住用不動産または居住用不動産を取得するための金銭の贈与を受けた場合は，取得した財産の額から基礎控除のほかに最高2,000万円の配偶者控除を引くことができます。

佐藤くん：ずいぶん簡単ですね。これで税率が比例税率ならば，本当に簡単でいいのですが。

鈴木教授：残念ながら，税率は超過累進税率で，200万円以下の部分に対しては10％，200万円超300万円以下の部分に対しては15％，300万円超400万円以下の部分に対しては20％，400万円超600万円以下の部分に対しては30％，600万円超1,000万円以下の部分に対しては40％，1,000万円超の部分に対しては50％になります。

―――＜贈与税額の計算＞―――
贈与税額 ＝（財産額 － 基礎控除(110万円)）(注) × 税率
（注）このほかに最高2,000万円の配偶者控除を引くことができる場合がある。

＜贈与税の税率＞

課税財産額	税率
200万円以下の部分	10％
200万円超　300万円以下の部分	15％
300万円超　400万円以下の部分	20％
400万円超　600万円以下の部分	30％
600万円超　1,000万円以下の部分	40％
1,000万円超の部分	50％

佐藤くん：1,000万円超の部分に対しては50％ですか？相続税の場合，1,000万円超3,000万円以下の部分に対しては15％，3億円超の部分に対して50％だったので，贈与より相続の方がいいのかな？贈与の場合，基礎控除も基本110万円だけだし。

鈴木教授：一概にそうとはいえないかと思います。確かに贈与税は，相続税よ

りも税率が高く,基礎控除も少額です。しかし,自分が亡くなるまで財産を保有しておくのではなく,財産を必要としている子供などに早いうちに財産を譲渡した方がいい場合もあるでしょう。

佐藤くん：高橋さんの場合はそうだったのですか？

高橋さん：いえいえ,別にそういうわけでは。

鈴木教授：以上がオーソドックスな贈与税額の計算方法です。贈与税額の計算方法は,実はこれとは別にもう1つあります。

佐藤くん：計算方法がほかにもあるのですか？贈与税額の計算は簡単だと思っていたら,計算方法が複数あるとは。

鈴木教授：今度はもっと簡単です。取得した財産の額から2,500万円の特別控除を引いた額に一律20％の税率を乗じるというものです。

佐藤くん：本当に簡単ですね。しかも,取得した財産の額から2,500万円を引くことができて,税率が一律20％なら,先ほどの計算方法よりもこちらの方が断然いいじゃないですか？

鈴木教授：高橋さんは,昨年贈与税を納められた際,どちらの計算方法を採用されましたか？

高橋さん：確か初めに説明して頂いた計算方法だったと思います。

佐藤くん：えっ,どうして,こっちの計算方法にしなかったのですか？

高橋さん：父が決めたのですが,税理士さんといろいろ相談して,結局,初めに説明して頂いた計算方法にしたようです。

鈴木教授：高橋さんのお父様にはいろいろお考えがあるようですね。ちなみに,この取得した財産の額から2,500万円の特別控除を引いた額に一律20％の税率を乗じるという計算方法を何というか,わかりますか？

高橋さん：**相続時精算課税**でしょうか？

鈴木教授：そうです。この計算方法で出した贈与税額を納めることを相続時精算課税制度といいます。一見お得ですが,単純にお得というわけではありません。

佐藤くん：どういうことですか？

4 相続税について

鈴木教授：名前から想像できませんか？

佐藤くん：相続時精算課税？相続するときに課税を精算する？う〜ん。

鈴木教授：高橋さん，相続時精算課税とはどのようなものか，説明できますか？

高橋さん：相続するとき，贈与した財産と遺産を合算して相続税額を計算して，その額から既に支払った贈与税額を引くというものだったように記憶しています。

鈴木教授：そのとおりです。

佐藤くん：んっ，ということは，最終的に負担する税額は，相続で財産を取得する場合と同じということですか？相続時精算課税を選択する意味って，何ですか？

鈴木教授：先ほど贈与よりも相続の方がいいとは一概にはいえないといいました。自分が亡くなるまで財産を保有しておくのではなく，財産を必要としている子供などに早いうちに財産を譲渡した方がいい場合もあるからです。相続時精算課税は，親から子などへの早期の財産の譲渡を促す制度なのです。最終的に負担する税額は同じでも，財産を譲渡した際にかかる負担を抑えることによって，相続するよりも先に財産が譲渡されることを促すのです。

佐藤くん：相続時精算課税は相続税の前払いですね。だから，税率も比例税率。

鈴木教授：そういえるかと思います。本日の講義はこれで終わりです。

高橋さん・佐藤くん：ありがとうございました。

鈴木教授：（時計を見て）本日もちょうど10分前に終わりましたね。では，これから10分でミニテストを行います。一応，筆記用具以外の物はしまってください。

高橋さん・佐藤くん：はぁ〜（ため息）。

＜相続時精算課税制度における贈与税額の計算＞

贈与税額 ＝（財産額 － 特別控除（2,500万円））
　　　　　× 税率（20％）

相続税ミニテスト

学籍番号	
氏　　名	

　以下の文章中の（　）に当てはまる用語を文章下の用語リストの中から選んで答えなさい。なお，同じ用語を複数回選んでも構わない。

・相続税額は，遺産の額から一定額を引いた額（以下，「課税遺産額」という。）に税率を乗じて計算する。課税遺産額を計算するに当たって遺産額から引く一定額を基礎控除というが，それは，（　1　）円＋（　2　）円×法定相続人数である。

・遺産を相続する者，そして，相続する割合は，実際には死亡した者（以下，「被相続人」という。）の遺言の内容などによって様々だが，相続すべき者，そして，相続すべき割合は，（　3　）という法律によって定められている。その（　3　）によって定められた相続すべき者を法定相続人，相続すべき割合を法定相続分という。

・法定相続人は，被相続人の配偶者，子，直系尊属（父母，祖父母など），兄弟姉妹のいずれかである。もしも子と兄弟姉妹が死亡している場合は，その子（被相続人の孫，甥，姪）が代わりに相続することになる。これを（　4　）相続という。

・被相続人に配偶者と子がいる場合は，彼らが法定相続人になり，法定相続分は，配偶者が（　5　），子が（　6　）である。子が複数いる場合は，彼らの間で均等に分ける。

- 子がいなくて，配偶者と直系尊属がいる場合は，彼らが法定相続人になり，法定相続分は，配偶者が（　7　），直系尊属が（　8　）である。直系尊属が複数いる場合は，彼らの間で均等に分ける。

- 子と直系尊属がいなくて，配偶者と兄弟姉妹がいる場合は，彼らが法定相続人になり，法定相続分は，配偶者が（　9　），兄弟姉妹が（　10　）である。兄弟姉妹が複数いる場合は，彼らの間で均等に分ける。

- 相続税額の計算は，相続税の総額の計算と納付税額の計算という2段階がある。まず課税遺産額を法定相続人に法定相続分で分ける（実際の相続割合は異なるとしても）。そして，分けられた額に税率を乗じて，それを合計して相続税の総額を計算するが，分けられた額に乗じる税率は（　11　）税率である。

- 次に相続税の総額を実際の相続割合で分けて，分けられた額から税額控除を引いて納付税額を計算する。主な税額控除としては，取得した財産の法定相続分または1億6千万円のいずれか大きい金額に対応する税額，すなわち法定相続分または1億6千万円のいずれか大きい額に税率を乗じた額を引くことができる（　12　）控除，相続人が20歳に達するまでの年数に6万円を乗じた金額を引くことができる（　13　）控除，相続人が（　14　）の場合，85歳に達するまでの年数に6万円（特別（　14　）の場合は12万円）を乗じた金額を引くことができる（　14　）控除などがある。

- 贈与税額は，取得した財産の額から一律（　15　）円の基礎控除を引いた額（以下「課税財産額」という。）に税率を乗じて計算するが，この

税率は（ 16 ）税率である。なお，婚姻期間が20年以上の配偶者から，居住用不動産または居住用不動産を取得するための金銭の贈与を受けた場合は，課税財産額を計算する際，基礎控除のほかに最高（ 17 ）円の配偶者控除を取得した財産の額から引くことができる。

・相続時，贈与した財産と遺産を合算して相続税額を計算し，その額から既に支払った贈与税額を引くという制度を（ 18 ）制度という。その場合，贈与税額は，取得した財産の額から（ 19 ）円の特別控除を引いた額に税率を乗じて計算するが，この税率は（ 20 ）税率である。

<用語リスト>

2分の1，3分の1，3分の2，4分の1，4分の3，110万，1,000万，2,000万，2,500万，5,000万，配偶者，未成年者，障害者，超過累進，比例，民法，相続税法，代襲，相続時精算課税

<回答欄>

1		2		3		4	
5		6		7		8	
9		10		11		12	
13		14		15		16	
17		18		19		20	

相続税の改正について

　まだ決まってはいませんが、課税遺産額を計算するに当たって遺産額から引く基礎控除の額が将来引き下げられるかもしれません。現在のところ基礎控除の額は、5,000万円＋1,000万円×法定相続人数です。これが、3,000万円＋600万円×法定相続人数にされるかもしれないのです。現在は基礎控除の額が高いため、相続税を課される人の数は少ないのですが、このように基礎控除の額が引き下げられると、相続税を課される人の数がかなり増えるはずです。

　また、税率も変わるかもしれません。法定相続分のうち1億円以下の部分に対する税率はこれまでどおりなのですが、1億円超の部分に対する税率が変わるかもしれないのです。現在は1億円超3億円以下の部分に対して40％、3億円超の部分に対して50％とされています。これが、1億円超2億円以下の部分に対しては40％、2億円超3億円以下の部分に対しては45％、3億円超6億円以下の部分に対しては50％、3億円超の部分に対しては55％とされるかもしれません。こうした基礎控除の額の引き下げと税率の引き上げという相続税の改正は、いずれも持つ者と持たない者の格差を広げないための措置です。

●相続税の税率の改正案

法定相続分の額	税率
1,000万円以下の部分	10％
1,000万円超　3,000万円以下の部分	15％
3,000万円超　5,000万円以下の部分	20％
5,000万円超　1億円以下の部分	30％
1億円超　2億円以下の部分	40％
2億円超　3億円以下の部分	45％
3億円超　6億円以下の部分	50％
6億円超の部分	55％

以上は相続税の改正についてですが，贈与税も税率が変わるかもしれません。課税財産額のうち200万円以下の部分に対する税率はこれまでどおりなのですが，それ以外の部分に対する税率が変わるかもしれないのです。相続税の場合と異なり，最高税率は引き上げられるものの（4,500万円超の部分に対しては55％に），全体として税率は引き下げられます。これは，お金が必要な若い世代に資産を移すための措置なのです。

●贈与税の税率の改正案
（20歳以上の者が直系尊属から贈与を受けた場合）

課税財産額	税率
200万円以下の部分	10%
200万円超　400万円以下の部分	15%
400万円超　600万円以下の部分	20%
600万円超　1,000万円以下の部分	30%
1,000万円超　1,500万円以下の部分	40%
1,500万円超　3,000万円以下の部分	45%
3,000万円超　4,500万円以下の部分	50%
4,500万円超の部分	55%

コラム 節税と脱税の違い

　節税と脱税の違いは何でしょうか？どちらも税金の負担を軽くするものですが、節税は合法的なもの、脱税は違法なものといえるかと思います。節税は行ってもいいけれども、脱税は行ってはいけません。脱税を行うと罰せられることになります。節税方法について解説した書籍などは多数ありますが、脱税方法について解説した書籍などは見かけないでしょう。

　脱税は行ってはいけないもので、その方法について解説した書籍などは見かけないのですが、ここで簡単に説明しておきましょう（ただし、当然行ってはいけません）。まず粉飾決算という言葉を耳にされたことがあるでしょうか？粉飾決算とは、収益の過大計上、費用の過少計上、資産の過大計上、負債の過少計上により利益を過大計上することをいいます。なお、収益の過大計上、費用の過少計上、資産の過大計上、負債の過少計上が、利益の過大計上につながるという点は大丈夫ですよね？（会計の基礎の基礎がおわかりならば、大丈夫かと思うのですが）

　そうした粉飾決算を行うのは、どのような会社でしょうか？粉飾決算を行うのは、一般的に上場会社（証券市場に自社の株式を上場させている会社）で業績が悪い会社です。そうした会社の経営者が、株主の批判を免れるため、株価の下落を免れるために粉飾決算を行うのです。なぜなら、業績が悪いと、経営者は解任されてしまうかもしれませんし、また、株価が下落すると、株式発行による資金調達が困難になりますし、買収される可能性が高まるからです（買収されると、経営者は解任される）。ちなみに、そうした粉飾決算が行われないように、会計監査を行い、財務諸表が適正であるか否かについて意見を述べるのが公認会計士です。

　それでは、粉飾決算の逆の意味の言葉を耳にされたことはあるでしょうか？そのままですが、逆粉飾決算といいます。逆粉飾決算とは、収益の過少計上、費用の過大計上、資産の過少計上、負債の過大計上により利益を

過少計上することをいいます。粉飾決算と逆ですよね。粉飾決算を行うのは，一般的に上場会社で業績が悪い会社ですが，そうした逆粉飾決算を行うのは，どのような会社でしょうか？

逆粉飾決算を行うのは，一般的に非上場会社で業績の良い会社です。これも，粉飾決算を行う会社と逆ですね。しかし，逆粉飾決算を行う理由は，粉飾決算を行う理由と単純に逆というわけではありません。粉飾決算を行うのは，株主の批判を免れるため，株価の下落を免れるためでした。逆粉飾決算を行う理由は何でしょうか？

おそらくもうおわかりかと思いますが，脱税のために逆粉飾決算を行うのです。利益（所得）を過少に偽ることによって課税を免れるというわけです。ちなみに，そうした脱税を摘発するのが，国税局の査察官，いわゆるマルサです（「マルサの女」というタイトルの映画をご存知でしょうか？）。得たのに，得ていないことにして隠している所得を見つけるのが，彼らの仕事です（所得を過少に偽っているということは，手元に入ってきたお金をどこかに隠している）。

なお，逆粉飾決算，そして脱税を行うのは会社に限りません。ここでは会社を念頭に置いて説明しましたが，個人が行う場合も当然あります。ただ，給与所得を過少に偽ることは困難なので，事業所得を過少に偽ることによる脱税が一般的です。

脱税は違法なものなので，行ってはいけませんが，節税は合法的なものなので，行っても構いません。それでは，節税はどのようにして行うのでしょうか？節税方法について解説した書籍などは多数あるので，詳細な説明はそちらに譲ることにしますが，本書で説明したことのなかで節税に関わるものをいくつかあげておくことにします。

まずサラリーマンの方で，会社からの給与所得以外に副業による所得がある場合，副業による所得を，雑所得ではなく，開業届を行って事業所得にすることが考えられます。なぜかというと，雑所得は給与所得と損益通算できないのですが，事業所得は給与所得と損益通算できるからです（コラム「いろいろな所得」を参照）。

また，会社からの給与所得を事業所得にすることによっても節税できるかもしれません。会社との契約を雇用契約ではなく業務委託契約にするのです（サラリーマンではなく個人事業者になり，会社と業務委託契約を結ぶ）。そうすることにより，所得金額を計算するに当たって，給与所得控除よりも多くの必要経費を収入金額から引ける場合は，所得金額を少なくすることができるからです。さらに，取引を正規の簿記の原則に従って記録すれば，所得金額から65万円の青色申告特別控除を引くことができます。ただし，どちらの場合も，手続が面倒になることは覚悟しておかなければなりません。会社からの給与所得を事業所得にする場合，自分で確定申告を行わなければなりませんし，副業による所得を雑所得ではなく事業所得にする場合も，確定申告を行う際の記載が面倒なものになります。

　会社の節税方法としては，資本金を１億円以下にしておくことが考えられます。資本金が１億円以下ならば，まず所得金額を計算する際の交際費の損金算入においてメリットがあります。資本金が１億円以下の会社の場合，交際費が年600万円までなら，その９割は損金に算入することができるからです。それに対して，資本金が１億円を超える会社の場合は，交際費はすべて損金に算入することができません。

　資本金が１億円以下の会社の場合，中小企業の軽減税率の対象にもなります。資本金が１億円以下ならば，所得金額のうち年800万円以下の部分に対する法人税率は18％（平成24年４月以降開始の事業年度から３年間は15％。「法人税の改正について」を参照），年800万円を超える部分に対する法人税率は30％（平成24年４月以降開始の事業年度からは25.5％）になります。

　そのほかにも，資本金が１億円以下の会社の場合，法人税の特定同族会社の留保金課税制度が適用されませんし，外形標準課税（法人事業税の付加価値割と資本割）の対象にもならないというメリットがあります。

第5回　消費税について

　第5回目の「税法」の講義，今日は「消費税について」です。教室には既に高橋さんと佐藤くんが来ていて，佐藤くんが高橋さんに将来のことについて相談しているようです。佐藤くんの手には『税理士最短合格へのスタートガイド』という本が見えます。そんななか，今日も開始時間ぴったりに鈴木教授が教室にやって来ました。

鈴木教授

高橋さん

佐藤くん

────── ◆ 負担する者は？納める者は？ ◆ ──────

鈴木教授：こんにちは。今日の講義は消費税についてです。まず消費税とは，何に対して課される税金でしょうか？

佐藤くん：商品やサービスの消費に対して課される税金です。

鈴木教授：そうですね。では，消費税には，どのような税金があるのでしょうか？

佐藤くん：消費税，酒税，たばこ税ですね。

鈴木教授：ちゃんと覚えていましたね。今日はその3つの税金について説明しますが，まず消費税について説明します。100円の商品を購入する場合，5円余計に支払わなければならない，あの税金です。皆さんにとってかなり身近な税金かと思います。

佐藤くん：わずらわしい税金ですね。消費税があるせいで，いつも小銭入れがいっぱいです。

鈴木教授：消費税に対する一般的な印象はそうしたものかもしれません。では，その消費税を納めるのは誰でしょうか？

佐藤くん：んっ，おかしな質問ですね。消費税を納めるのは消費者では？商品やサービスを購入するとき，その代金を支払うとともに消費税も納めているじゃないですか。

鈴木教授：そう思われるかもしれませんが，実は違うのです。消費税を納めるのは消費者ではないのです。高橋さんはどう思われますか？

高橋さん：消費税を負担するのは消費者ですが，消費税を納めるのは，商品やサービスを販売している者ではないでしょうか？

鈴木教授：はい，消費税は，負担者と納税者が異なるのです。ちなみに，これまで見てきた所得税，法人税，相続税のように，負担者と納税者が同じ税金を何といい，消費税のように負担者と納税者が異なる税金を何というか，わかりますか？

高橋さん：負担者と納税者が同じ税金は**直接税**，負担者と納税者が異なる税金

は**間接税**でしょうか？

鈴木教授：そのとおりです。

佐藤くん：負担者と納税者が異なる？

鈴木教授：商品やサービスを販売している者を事業者ということにします。事業者は，商品やサービスの消費に対して課される消費税の額をそれらの販売価格に含めます。例えば，100円に消費税相当額5円を加えて105円で販売します。そして，消費者から商品やサービスの代金とともに受け取った消費税相当額を消費税として納めるのです。

佐藤くん：なるほど，そういうことですか。消費税の負担者は消費者，納税者は事業者なのですね。

鈴木教授：はい，消費税の負担者は消費者，しかも一番末端の消費者です。

佐藤くん：一番末端の消費者？

鈴木教授：販売する商品やサービスの原材料をほかの事業者から仕入れて，その購入価格の中に消費税相当額が含まれている場合を考えてください。その消費税を負担するのは誰でしょうか？

佐藤くん：販売する商品やサービスの原材料を仕入れた事業者では？その場合，その事業者が消費者に当たると思うので。

鈴木教授：いえ，この場合，販売する商品やサービスの原材料を仕入れた事業者は，消費税を負担しません。結局消費税を負担することになるのは，一番末端の消費者，最終的に商品やサービスを消費する消費者なのです。

佐藤くん：どうしてその場合でも一番末端の消費者が消費税を負担させられるのですか？

鈴木教授：具体例をあげて説明しましょう。例えば，商品Yを製造・販売している事業者Bが，商品Yの原材料Xを生産している事業者Aから，原材料Xを消費税相当額込み105円，すなわち100円＋消費税相当額5円で仕入れ，それを加工して製造した商品Yを消費税相当額込み210円，すなわち200円＋消費税相当額10円で販売したとします。そ

して，一番末端の消費者は，商品Yの販売価格に含まれる消費税相当額10円を負担することになります。この場合，原材料Xの販売価格に含まれる消費税相当額5円を負担するのは誰でしょうか？

佐藤くん：事業者Bじゃないのですか？

鈴木教授：いえ，事業者Bではないのです。原材料Xの販売価格に含まれる消費税相当額5円を負担するのは，一番末端の消費者なのです。

佐藤くん：一番末端の消費者が負担するのは，商品Yの販売価格に含まれる消費税相当額10円ではないのですか？

鈴木教授：商品Yの販売価格に含まれる消費税相当額10円を負担しますが，原材料Xの販売価格に含まれる消費税相当額5円も負担します。ということは，どういうことでしょうか？

佐藤くん：どういうことなのか，さっぱりわかりません。

鈴木教授：高橋さん，どうでしょう？

高橋さん：一番末端の消費者が負担する消費税相当額10円の中に，原材料Xの販売価格に含まれる消費税相当額5円が含まれていると考えるのでしょうか？

鈴木教授：そうなのです。消費税を負担するのは，あくまで一番末端の消費者です。事業者は消費税を納めるだけで，負担はしません。この場合，一番末端の消費者が消費税相当額10円を負担し，事業者Aと事業者Bはそれを分担して納めるだけです。

佐藤くん：分担して納める？

鈴木教授：事業者Aは，原材料Xの販売価格に含まれる消費税相当額5円を消費税として納めます。そして，事業者Bは，残りの5円を消費税として納めるのです。

佐藤くん：事業者Bは，商品Yの販売価格に含まれる消費税相当額10円を消費税として納めるのではないのですか？

鈴木教授：事業者Bは，商品Yの販売価格に含まれる消費税相当額10円から，原材料Xの販売価格に含まれる消費税相当額5円を引いた額5円を

　　　　　　　　　　　　　　　　　　　　　　　5　消費税について

　　　　　消費税として納めるのです。
高橋さん：一番末端の消費者が消費税を負担し，その消費された商品やサービ
　　　　　スに関わった様々な事業者がそれぞれ分担して消費税を納めるので
　　　　　すね。
鈴木教授：はい，それぞれの事業者は，売上に含まれる消費税相当額から，仕
　　　　　入に含まれる消費税相当額を引いて，納める消費税額を計算します。

＜納める消費税額＞

　　納付税額 ＝ 売上に係る消費税額 － 仕入に係る消費税額

≪消費税の流れ≫

事業者A：商品Yの原材料Xを生産 ………▶消費税5円納付

　│
　│　原材料X　105円
　│　（消費税相当額5円含む）
　▼

事業者B：商品Yを製造・販売 ……………▶消費税5円（＝10円－5円）納付

　│
　│　商品Y　210円
　│　（消費税相当額10円含む）
　▼

消費者 ………………………………………▶消費税10円負担

　　　　　　　　◆ 国税か？地方税か？ ◆

鈴木教授：ところで，消費税の税率は何％でしょうか？
佐藤くん：5％ですよね？
鈴木教授：そう思われるでしょうが，厳密にいうと違うのです。
佐藤くん：厳密にいうと5％ではない？
鈴木教授：はい，では，消費税は国税でしょうか？地方税でしょうか？

佐藤くん：それも，最初の講義で，厳密には国税とはいい切れないと話されていましたよね？国税と地方税の中間ですか？

鈴木教授：いえ，国税と地方税の中間はありません。国税と地方税のいずれかです。

佐藤くん：国税とはいい切れないのですよね？それでは，地方税？

鈴木教授：いえ，消費税は国税です。しかし，国税といい切ってしまうことには抵抗があるのです。

佐藤くん：はっきりしませんね。どちらなのですか？

鈴木教授：消費税の税率の話に戻ります。消費税の税率は厳密にいうと5％ではありません。実は4％なのです。

佐藤くん：でも，買い物をする際，5％の消費税相当額を支払っていますよ。1％分は事業者のものになっているのですか？

鈴木教授：いえいえ，事業者はきちんと5％の消費税相当額を消費税として納めます。今度は再び消費税が国税か地方税かについての話に戻ります。消費税は国税ですが，国税といい切ってしまうことには抵抗があるというのは，5％の消費税相当額には国税分と地方税分が含まれているということなのです。

佐藤くん：いろいろ話が行ったり来たりで，頭の中が混乱しているのですが。

鈴木教授：どういうことか，わかりませんか？高橋さん，どうでしょう？

高橋さん：5％の消費税相当額には国税分と地方税分が含まれていて，消費税は国税で，その税率は4％なのですよね。ということは，5％の消費税相当額のうち4％は国税である消費税として，残りの1％は地方税として納められるのですね。

鈴木教授：そうなのです。5％の消費税相当額のうち4％は消費税として，残りの1％は**地方消費税**として納められるのです。

佐藤くん：地方消費税？

鈴木教授：消費税は国に対して，地方消費税は都道府県に対して納めるものです。消費税の額は，販売する商品やサービスの価格に4％を乗じた

額です。そして、地方消費税の額は、その消費税額に25％を乗じた額とされています。したがって、消費者は、商品やサービスの価格に５％を乗じた額を負担し、事業者は、その額を消費税および地方消費税として納めることになるのです。

佐藤くん：販売する商品やサービスの価格に４％を乗じた額の25％は、販売する商品やサービスの価格に１％を乗じた額になりますね。そして、４％に１％を足すと、５％に。

高橋さん：実際に消費税を納める手続ですが、事業者は、４％を国に対して、１％を都道府県に対してと、わけて納めなければならないのでしょうか？

鈴木教授：いえ、そうした面倒なことをする必要はありません。事業者は、消費税も地方消費税もともに国に対して、すなわち税務署に対して納めます。

高橋さん：それと、よく消費税には**逆進性**があると聞くのですが。

鈴木教授：はい、消費税の負担割合は、所得が高い人よりも低い人の方が高くなるといわれています。それが消費税の逆進性です。

高橋さん：所得税や相続税が累進的であるのと逆ですね。

鈴木教授：累進と逆進は反対の言葉と思っていいでしょう。

佐藤くん：でも、どうして消費税は逆進的なのですか？所得税や相続税は超過累進税率で、所得や遺産の額が大きくなるほど税額が増えるので、それらの額が大きくなるほど負担割合が高くなるというのは、わかりますが。

鈴木教授：これまで説明したように、消費税額は、商品やサービスの価格に一律の税率を乗じて計算します。それだと、所得の低い人の方が、消費税の負担割合が高くなる傾向にあることがわかっているのです。

高橋さん：消費税の税率を上げることに対して反対の意見が多いのは、そうした逆進性のためなのでしょうか？消費税の税率を上げると、所得の低い人達の負担割合がますます高くなってしまうことが危惧されて

いるのでしょうか？
鈴木教授：それも反対する理由の1つだと思います。
佐藤くん：所得が高い人に対しては消費税の税率を高く，所得が低い人に対しては消費税の税率を低く設定すれば，逆進的でなくなるのでは？
鈴木教授：確かにそうかもしれませんが，それは現実的ではないでしょう。商品やサービスを販売する際，販売する相手の所得が高いか低いかについて確認するわけにはいかないでしょう。
佐藤くん：確かに。
鈴木教授：消費税は，商品やサービスの価格に一律の税率を乗じて税額を計算するシンプルな税金です。そして，税金をとる側，すなわち国や都道府県からすると，とりやすい税金といえます。消費税の税率を何％か上げれば，税収はかなり増えるはずです。しかし，その場合，消費税の逆進性の問題をきちんと解決する必要があるでしょう。

◆ いわゆる益税問題とは？ ◆

高橋さん：売上が1,000万円以下だと，消費税が課されないと聞いたのですが。
鈴木教授：消費税は商品やサービスの消費に対して課される税金であり，基本的に商品やサービスを販売した事業者は，消費税を納めなければなりません。しかし，規模の小さな事業者に対して納税を免除する制度があります。
佐藤くん：規模の小さな事業者かどうかを判断する基準が，売上が1,000万円以下かどうかなのですか？
鈴木教授：そうです。個人事業者の場合は，前々年の売上高が1,000万円以下であれば，当年は消費税が課されません。また，企業など法人の場合は，前々事業年度の売上高が1,000万円以下であれば，当期は消費税が課されません。
高橋さん：規模の小さな事業者に対して納税を免除するのは，先ほど話に出た消費税の逆進性と関係があるのでしょうか？

鈴木教授：いえ，消費税の逆進性とは関係ありません。消費税の逆進性は，消費者の負担に関わる問題です。規模の小さな事業者に対して納税を免除するのは，そうした事業者に納税のための負担をかけないためです。また，税金を徴収する側の国の負担，すなわち税務署の手間を抑えるためでもあります。

佐藤くん：規模の小さな事業者からは，手間がかかるばかりであまり徴収できない。規模の大きな事業者から徴収した方が効率的ということですか？

鈴木教授：そうともいえます。

高橋さん：ただ，規模の小さな事業者に対しては納税を免除するとのことですが，日頃買い物をしていて，消費税相当額を負担しないことはないように思います。売上が1,000万円以下だと思われる商店で買い物をしても，必ず価格に5％の消費税相当額がプラスされていると思うのですが。

佐藤くん：確かにそうですね。

鈴木教授：そうした消費税を課されない事業者であっても，通常，消費税相当額を含めて商品やサービスを販売しています。日ごろ商品やサービスを購入していて，消費税相当額を取られないことはほとんどないはずです。

高橋さん：消費税を課されない事業者の手元には消費税相当額が残ってしまうのですか？

鈴木教授：はい，消費者が支払った消費税相当額が事業者の手元に残ることを**益税**といい，問題とされることがあります。益税は，逆進性とともに消費税が抱える問題です。

佐藤くん：いろいろと問題の多い税金ですね。消費税って。

鈴木教授：ちなみに，前に例としてあげた商品Yを製造・販売している事業者Bが消費税の納付を免除されているとした場合，事業者Bの手元に残る益税の額は，いくらになりますか？

佐藤くん：商品Ｙの販売価格に含めた消費税相当額10円では？

鈴木教授：いえ，そのようには考えません。

佐藤くん：そのようには考えない？

高橋さん：仕入に含まれる消費税相当額を引くのでは？その額を負担しているので，手元に残る益税の額は，その額を引いた額と考えるのでは？

鈴木教授：そのとおり。事業者は，仕入に含まれる消費税相当額を負担しているので，事業者の手元に残る益税の額は，売上に含まれる消費税相当額から仕入れに含まれる消費税相当額を引いた額になります。ということは，事業者Ｂの手元に残る益税の額は，いくらになりますか？佐藤くん。

佐藤くん：商品Ｙの販売価格に含めた消費税相当額10円から，原材料Ｘの購入価格に含まれる消費税相当額５円を引いた５円ですね。

────────── ◆ 売上だけで税額を計算？ ◆ ──────────

高橋さん：消費税は，それを納める事業者の側からしても，計算するのが簡単なシンプルな税金だと思います。ただ，１つだけ，仕入に含まれる消費税相当額を調べなければならないのは面倒ですね。

鈴木教授：初めに説明したとおり，納める消費税額は，売上に含まれる消費税相当額から仕入に含まれる消費税相当額を引いた額です。売上に含まれる消費税相当額は，自分で消費税相当額を含めて商品やサービスを販売しているので，当然わかるはずです。しかし，仕入に含まれる消費税相当額は，仕入の内容を調べなければならず，わかりにくいでしょう。そこで，仕入に含まれる消費税相当額を簡便的に計算する方法を選択できる制度があります。

高橋さん：うちの会社もその制度を選択しているかな？

鈴木教授：いえ，おそらく高橋さんの会社は選択されていないはずです。その制度は**簡易課税制度**というのですが，選択することができるのは，売上が5,000万円以下の場合に限られるからです。

5　消費税について

高橋さん：そうですか。残念ですね。

鈴木教授：高橋さんの会社とは関係ないかもしれませんが，簡易課税制度について説明しますので，聞いてください。佐藤くんもいますので。

佐藤くん：ぜひ聞きたいです。

高橋さん：いえいえ，私もぜひ聞きたいです。

鈴木教授：簡易課税制度とは，それを選択した場合，売上に含まれる消費税相当額に**みなし仕入率**を乗じた額を仕入に含まれる消費税相当額とすることができるというものです。

高橋さん：ということは，仕入に含まれる消費税相当額を調べる必要がないのですね。売上に含まれる消費税相当額がわかれば，納める消費税額を計算できてしまうのですか？

鈴木教授：そうなのです。簡易課税制度を選択した場合，売上に含まれる消費税相当額がわかれば，納める消費税額を計算することができます。

高橋さん：簡単でいいですね。ところで，みなし仕入率は何％くらいなのでしょうか？事業内容によって，売上の額に対する仕入の額の比率は異なってくると思われますが。

鈴木教授：そうですね。事業内容によって，売上の額に対する仕入の額の比率は異なってくるはずです。そこで，みなし仕入率は業種ごとに定められています。具体体には，事業を5種類に分けて，第一種事業は90％，第二種事業は80％，第三種事業は70％，第四種事業は60％，第五種事業は50％とされています。

佐藤くん：第一種事業？第二種事業？

鈴木教授：すいません。それだけでは何のことかわかりませんね。第一種事業は卸売業，第二種事業は小売業，第三種事業は，農業，林業，漁業，鉱業，建設業，製造業，電気業，ガス業，熱供給業，水道業，第四種事業は，第一種事業，第二種事業，第三種事業，第五種事業以外の事業で，飲食店業や金融保険業，第五種事業は，不動産業，運輸通信業，飲食店業以外のサービス業です。

高橋さん：売上の額に対する仕入の額の比率が低そうな事業ほど，すなわち販売する商品やサービスに含まれる付加価値がより高そうな事業ほど，みなし仕入率が低く設定されているのですね。

――＜簡易課税制度における仕入に係る消費税額＞――

| 仕入に係る消費税額 | ＝ | 売上に係る消費税額 | × | みなし仕入率 |

＜みなし仕入率＞

業　　　　　種	みなし仕入率
第一種事業（卸売業）	90%
第二種事業（小売業）	80%
第三種事業（製造業等）	70%
第四種事業（その他）	60%
第五種事業（サービス業等）	50%

◆ 酒税とたばこ税 ◆

鈴木教授：それでは，次に酒税とたばこ税の説明に入りましょう。まず酒税とたばこ税は何に対して課される税金でしょうか？

佐藤くん：酒税はお酒の消費に対して，たばこ税はたばこの消費に対してですよね？

鈴木教授：そうですね。これまで説明してきた消費税は，ほぼすべての商品やサービスの消費に対して課される税金です。それに対して，酒税はお酒の消費に対して，たばこ税はたばこの消費に対して課される税金です。酒税とたばこ税のように特定の商品の消費に対して課される消費税を**個別消費税**といいます。

高橋さん：なぜお酒とたばこの消費に対してだけ特に税金が課されているのでしょうか？

鈴木教授：それは，お酒とたばこが生活に不可欠とはいえないぜいたく品だからです。

佐藤くん：お酒とたばこ以外にもぜいたく品はあると思うのですが。

鈴木教授：消費税が導入される以前は，宝石，毛皮，電化製品，乗用車などをぜいたく品として，それらに対して物品税という税金が課されていました。消費税の導入に伴い物品税は廃止されたのですが，酒税とたばこ税は存続することになりました。お酒とたばこの消費に対する課税が存続することになったのは，その税収が大きいからです。

佐藤くん：税金をとる側の理屈ですね。お酒とたばこだけとは，不公平で納得いかないですね。

鈴木教授：確かにお酒とたばこが好きな方にとっては納得いかないでしょう。ところで，酒税とたばこ税を負担するのは，一番末端の消費者，すなわち，お酒を飲む人，たばこを吸う人です。では，酒税とたばこ税を納めるのは誰でしょうか？

佐藤くん：お酒とたばこを販売している者ですよね。

鈴木教授：そう思われるかもしれませんが，違うのです。酒屋さんやたばこ屋さんは酒税やたばこ税を納めていません。

佐藤くん：ということは，一番末端の消費者が納税者でもあるということですか？

鈴木教授：いえ，酒税とたばこ税も間接税です。

高橋さん：もしかして酒税とたばこ税が，あらかじめお酒とたばこの価格に含まれていることと関係あるのでしょうか？

鈴木教授：はい，酒税とたばこ税は，あらかじめお酒とたばこの価格に含まれています。そして，消費税額を計算するに当たっては，酒税相当額やたばこ税相当額を含めた額に５％を乗じます。例えば，酒税相当額100円を含めて1,000円のお酒があるとすると，そのお酒の消費に課される消費税は，1,000円から酒税相当額100円を引いた900円に５％を乗じた45円ではなく，酒税相当額100円を含めた1,000円に５％を乗じた50円になります。

佐藤くん：そのことと，酒税とたばこ税の納税者が誰であるかとの間にどうい

う関係が?

鈴木教授:わかりませんか?お酒とたばこを販売している者は,酒税とたばこ税とは関係がないのです。酒税とたばこ税は,お酒とたばこを仕入れたときの価格の中に含まれてしまっています。酒税とたばこ税と関係があるのは誰でしょうか?

佐藤くん:一番初めにお酒とたばこを造った者ですか?

鈴木教授:そうです。酒税とたばこ税を納めるのは,お酒とたばこの製造者,それと輸入者になります。一番の末端の消費者が負担し,一番初めの製造者や輸入者が納めるのです。

高橋さん:ということは,消費税と比べて,計算するのが簡単そうですね。売上に含まれる消費税相当額から仕入に含まれる消費税相当額を引くといったことをしなくてもいいわけですから。

鈴木教授:確かにそうした計算をする必要はありません。しかし,酒税の方は,税率が消費税と異なりバラエティに富んでいます。まず酒税の税率の説明に入る前に,そもそも酒税が課されるお酒とはどのようなものでしょうか?お酒が好きな佐藤くん,どうでしょうか?

佐藤くん:からかわないでください。お酒とはどのようなものかですか?う〜ん,飲むと酔う飲み物でしょうか?

鈴木教授:確かに「飲むと酔う飲み物」というのがお酒の定義としては最適かもしれません。しかし,酒税が課されるお酒の定義は違っていまして,アルコール分1度以上の飲み物とされています。

佐藤くん:アルコール分1度では酔わないと思いますが。

鈴木教授:確かにそうかもしれませんが,アルコール分1度でも酒税が課されてしまうのです。そして,原料や製造方法などによって,発泡性酒類,醸造酒類,蒸留酒類,混成酒類の4種類に分けられ,それぞれで税率が異なります。発泡性酒類,醸造酒類,蒸留酒類,混成酒類とは,それぞれどのようなお酒だと思いますか?お酒に詳しい佐藤くん,どうでしょうか?

5 消費税について

佐藤くん：確かにお酒は好きですが，特に詳しいわけでは。発泡性酒類は，ビールや発泡酒，醸造酒類は，日本酒やワイン，蒸留酒類は，焼酎，ウイスキー，ブランデーあたりでしょうか？混成酒類というのは，ちょっとわかりません。

鈴木教授：ありがとうございます。発泡性酒類とは，ビール，発泡酒，その他の発泡性酒類，醸造酒類とは，清酒，果実酒，その他の醸造酒，蒸留酒類とは，焼酎，ウイスキー，ブランデー，原料用アルコール，スピリッツ，混成酒類とは，合成清酒，みりん，甘味果実酒，リキュール，粉末酒，雑酒のことです。酒税の税率はお酒の酒類によって様々ですので，表でご覧頂きましょう。

<酒税の税率（1キロリットル当たり）>

区　　　分	税　　率	アルコール分1度当たりの加算額
発泡性酒類	220,000円	—
発泡酒（麦芽比率25～50％未満） 　〃　　（麦芽比率25％未満）	178,125円 134,250円	— —
その他の発泡性酒類 　　（ホップ等を原料としたもの（一定のものを除く）を除く）	80,000円	—
醸造酒類	140,000円	—
清　酒	120,000円	—
果実酒	80,000円	—
蒸留酒類	（アルコール分20度） 200,000円	10,000円
ウイスキー・ブランデー・スピリッツ	（アルコール分37度） 370,000円	10,000円
混成酒類	（アルコール分20度） 220,000円	11,000円
合成清酒	100,000円	—
みりん・雑種（みりん類似）	20,000円	—
甘味果実酒・リキュール	（アルコール分12度） 120,000円	10,000円
粉末酒	390,000円	—

高橋さん：お酒の種類によって税率がばらばらなのですね。

鈴木教授：酒税の税率は，お酒の種類によって異なり，１キロリットル当たり～円というように定められています。例えば，表の発泡性酒類の区分の税率をご覧ください。ビールには，１キロリットル当たり220,000円の酒税が課されます。それに対して，発泡酒には，麦芽比率が25％未満であれば，１キロリットル当たり134,250円の酒税しか課されません。

佐藤くん：どおりで，ビールよりも発泡酒の方が安いはずです。

鈴木教授：アルコール分が増すごとに課される酒税が増えるものもあります。例えば，表の蒸留酒類の区分の税率とアルコール分１度当たりの加算額をご覧ください。ウイスキーの場合，アルコール分37度までであれば，１キロリットル当たり370,000円の酒税が課されるだけですが，それよりもアルコール分が増すと，１度増すごとに10,000円が加算されることになります。ということは，アルコール分45度のウイスキーに対して課される酒税の額はいくらになるでしょうか？計算が得意な佐藤くん，お願いします。

佐藤くん：１キロリットル当たり，370,000円＋10,000円×（45度－37度）＝450,000円でしょうか？

鈴木教授：ありがとうございます。そのとおりです。

高橋さん：税率の違いが価格に反映されているのですね。それにしても，なぜこのようにお酒の酒類ごとに異なる税率が設定されているのでしょうか？

鈴木教授：もともとは逆進性対策です。高級なお酒に対しては高い税率が，そうではない大衆的なお酒には低い税率が設定されたのです。

高橋さん：所得の高い人達が飲む高級なお酒に対しては高い税率を，所得の低い人達が飲む大衆的なお酒には低い税率を設定して，所得が低い人達の負担を軽くしようという考えでしょうか？

鈴木教授：そうです。しかし，もともとはそうした考え方に基づいていたので

　　　　すが，現在では曖昧になっています。お酒の酒類による税率の違いの理由を明確に説明するのは難しいですね。

佐藤くん：確かに，この税率の違いを見て，逆進性対策といわれても，ぴんと来ませんね。

高橋さん：私には，高級なお酒に対して高い税率が設定されているというよりも，高い税率が設定されているから価格が高くなって高級なお酒とされているように見えるのですが。

鈴木教授：なるほど，確かにそうかもしれません。では，次にたばこ税の税率について説明します。その前に，まず酒税は国税ですが，たばこ税は国税でしょうか？地方税でしょうか？

佐藤くん：たばこ税は国税と地方税で構成されているのですよね。最初の講義で説明されました。

鈴木教授：ちゃんと覚えていましたね。たばこ税は，**国たばこ税**，**地方たばこ税**，そして，**たばこ特別税**で構成されています。地方たばこ税は，さらに**都道府県たばこ税**と**市区町村たばこ税**で構成されています。

高橋さん：私はたばこを吸わないのでわからないのですが，それだけいろいろな税金が課されているということは，たばこに課されている税金を合わせるとかなりの額になりそうですね。

佐藤くん：いやぁ，かなりの額だと思いますよ。たばこ税の税率が上がったからだと思うのですが，たばこの価格がかなり上がりましたし。

鈴木教授：酒税の税率は1キロリットル当たり〜円というように定められていますが，たばこ税の税率は1,000本当たり〜円というように定められています。そして，たばこ1,000本当たり，国たばこ税は5,302円，地方たばこ税は6,122円，たばこ特別税は820円です。

<たばこの税率(1,000本当たり)>

名　　　称	税　率
国たばこ税	5,302円
地方たばこ税	6,122円
たばこ特別税	820円

佐藤くん：合わせると，1,000本当たり，5,302円+6,122円+820円=12,244円，1本当たりだと12.244円ですか。

鈴木教授：私もたばこを吸わないので，たばこの価格を知らないのですが，佐藤くんが吸われているたばこはおいくらですか？

佐藤くん：今は1箱410円です。

鈴木教授：1箱には何本のたばこが入っているのですか？

佐藤くん：20本です。

鈴木教授：ということは，たばこ1箱410円のうち，たばこ税相当額はいくらでしょうか？

佐藤くん：12.244円×20本=244.88円です。

高橋さん：やはりかなりの額ですね。

鈴木教授：たばこ1箱410円には，たばこ税相当額のほかに消費税相当額も含まれています。消費税相当額はいくらですか？

佐藤くん：410円－410円÷1.05=19.52円です。

鈴木教授：ということは，佐藤くんは，たばこ1箱410円を消費することによって，いくらの税金を負担しているのでしょうか？

佐藤くん：244.88円+19.52円=264.4円です。たばこ1箱410円の64.5％は税金なのですね。

鈴木教授：佐藤くんは国や地方公共団体に貢献していますね。

佐藤くん：そういわれましても，あまりうれしくないですね。しんどいので，もう国や地方公共団体にこれ以上貢献するのは止めようかと思っています。しかし，たばこにだけこんなに重い税金を課すのは不公平だと思うのですが。

5 　消費税について

高橋さん：確かにたばこに対する課税がこれだけ際立って重いことには，私も違和感を覚えますね。

佐藤くん：たばこは健康に悪いから，たばこ税の税率を上げて，喫煙者を減らそうということなのかな？たばこを吸うのは個人の自由なのだから，ほっといて欲しいのですが。

鈴木教授：しかし，たばこの煙は周囲の人にも害を与えますよ。

佐藤くん：それは分煙をきちんと行えば大丈夫だと思います。それに，たばこ税の税率をどんどん上げていって，喫煙者がどんどん減っていったら，しまいには喫煙者がいなくなって，たばこ税を徴収できなくなってしまうと思うのですが。

高橋さん：そうなったら本末転倒ですね。税収を確保するためにたばこ税を存続させているのに。やはり政策的な配慮で税金の仕組を変えるのは良くないように思われます。

鈴木教授：そうかもしれません。そもそも酒税とたばこ税を存続させていること自体に合理的な理由を見出すのが難しく，それらの税率も政策的な配慮により本来の考え方に基づくものからかけ離れてしまっています。納税者と消費者に納得してもらうのは難しいでしょうね。本日の講義はこれで終わりです。

高橋さん・佐藤くん：ありがとうございました。

鈴木教授：(時計を見て) 本日もちょうど10分前に終わりましたね。では，これから10分でミニテストを行います。一応，筆記用具以外の物はしまってください。

高橋さん・佐藤くん：はぁ〜（ため息）。

消費税ミニテスト

学籍番号	
氏　名	

以下の文章中の（　）に当てはまる用語を文章下の用語リストの中から選んで答えなさい。なお，同じ用語を複数回選んでも構わない。

・所得税，法人税，相続税のように負担者と納税者が同じ税金を（　1　），消費税のように負担者と納税者が異なる税金を（　2　）という。

・事業者は，（　3　）に含まれる消費税相当額から（　4　）に含まれる消費税相当額を引いた額を消費税として納める。

・消費税の税率は（　5　）％だが，それに加えて（　6　）％の地方消費税が課されているため，消費者は，商品やサービスの価格に（　7　）％を乗じた額を負担し，事業者は，その額を消費税および地方消費税として納めることになる。

・個人事業者の場合は，前々年の売上高が（　8　）円以下であれば，当年は消費税が課されない。また，企業など法人の場合は，前々事業年度の売上高が（　9　）円以下であれば，当期は消費税が課されない。なお，そうした消費税を課されない事業者であっても，通常，消費税相当額を含めて商品やサービスを販売していて，消費者が支払った消費税相当額が事業者の手元に残ることがある。それを（　10　）という。

・売上が（　11　）円以下の場合，簡易課税制度を選択することができる。

5 消費税について

簡易課税制度を選択した場合，売上に含まれる消費税相当額に（ 12 ）を乗じた額を仕入に含まれる消費税相当額とすることができる。

・酒税やたばこ税のように特定の商品の販売に対して課される消費税を（ 13 ）という。

・酒税が課されるお酒とは，アルコール分（ 14 ）度以上の飲料のことで，それは，原料や製造方法などによって（ 15 ）種類に分けられる。そして，酒税の税率は，お酒の種類によって異なり，（ 16 ）キロリットル当たり～円というように定められている。

・たばこ税は，（ 17 ），（ 18 ），（ 19 ）という3つの税金によって構成され，その税率は，（ 20 ）本当たり～円というように定められている。

＜用語リスト＞

1，4，5，1,000，1,000万，5,000万，売上，仕入，みなし仕入率，益税，直接税，間接税，個別消費税，国たばこ税，地方たばこ税，たばこ特別税

＜解答欄＞

1		2		3		4	
5		6		7		8	
9		10		11		12	
13		14		15		16	
17		18		19		20	

消費税の改正について

　消費税の税率が引き上げられるかもしれません。現在は5％ですが，10％とされるかもしれないのです。まず平成26年4月に8％に引き上げられた後，平成27年10月に10％に引き上げられる可能性があります。

　なお，現在の消費税の税率5％のうち，4％は消費税，1％は地方消費税です。平成26年4月に8％に引き上げられた場合，消費税は6.3％，地方消費税は1.7％に，そして，平成27年10月に10％に引き上げられた場合，消費税は7.8％，地方消費税は2.2％になります。

コラム 負の所得税と給付付き税額控除

　消費税の税率が引き上げられるかもしれないのですが，消費税の税率が引き上げられた場合に懸念されるのが消費税の逆進性の問題です。それを解決するために検討されているものとして，給付付き税額控除があります。給付付き税額控除とは，納める所得税額を計算する際，一定額の税額控除を引くことができるようにし，所得税額よりも税額控除の方が大きい場合，その差額を現金で給付する措置です。例えば，15万円の税額控除を引くことができるとした場合，所得税額が10万円ならば，差額の5万円の現金が給付されることになるのです。

　この給付付き税額控除の考え方は，ミルトン・フリードマン（Milton Friedman 1912年～2006年）が彼の著書『資本主義と自由』で説いた負の所得税の考え方の影響を受けています。フリードマンは，ノーベル経済学賞を受賞したアメリカの経済学者です。納める所得税額は，所得金額から所得控除を引いた額に税率（累進税率）を乗じて，それからさらに税額控除を引いて計算しますが，税額控除を引いた額がマイナス（負）の場合，納める所得税額はゼロになるだけです。これに対して，フリードマンが主張した負の所得税とは，納める所得税額がマイナスとなる場合，その額を給付するというものです。フリードマンは，貧困対策としてそうした負の所得税の導入を提言しました。

　ちなみに，フリードマンは，所得税の税率を累進税率ではなく一律税率（比例税率）にすべきであると主張しました。また，所得控除もごく限られたものにすべきであると主張しました。その理由は，所得税の仕組を複雑なものにすることによって，所得税の実際の負担が，高所得者ほど負担が高まるという累進的なものになっていないというものでした（高所得者は節税に励んで課税を免れているため）。フリードマンは，それよりも単純な

仕組にした方が負担は累進的になるはずだと考えたのです。また，累進税率ではなく一律税率にすることによって勤労意欲が増すはずであるとも考えました（働けば働いただけ手元にお金が残る）。

「税収が少ないのは，稼ぎが多く能力もある人たちの一部が，できるだけ税金を払わずに済むよう頭をひねり策を弄しているからである。そして残りの人たちの多くは，税金を減らすような行動をとっているからである。」
（『資本主義と自由』）

　また，フリードマンは法人税の廃止も主張しました。企業の所得は株主のものなので，株主に課税すべきであるという考えからです。法人擬制説の考えを徹底すると，そうした考えになります。リバタリアン（libertarian）であるフリードマンは，基本的に経済への政府の介入はない方がよく，経済に関わる制度は単純なものが好ましいと考えていましたが，税制も単純な仕組が好ましいと考えていました。現在の日本の税制は決して単純な仕組であるとはいえないかと思います。フリードマンだったら，もっと単純な仕組にした方がいいというでしょう。皆さんはどう思われるでしょうか？

第6回　地方税について

　第6回目の「税法」の講義，今日は「地方税について」です。講義は今日が最終日。来週は期末テストです。教室には既に高橋さんと佐藤くんが来ていて，二人とも『対話式でわかりやすい！　税法入門教室』を広げて，これまで学習したところを復習しています。そんななか，今日も開始時間ぴったりに鈴木教授が教室にやって来ました。

鈴木教授

高橋さん

佐藤くん

───── ◆ 個人に対してか？法人に対してか？ ◆ ─────

鈴木教授：こんにちは。講義は今日が最後ですね。今日の講義は地方税についてです。まず主な地方税にはどのような税金がありますか？

佐藤くん：住民税，事業税，固定資産税ですよね。

鈴木教授：はい，1回目の講義で触れましたよね。そのほかに，2回目から5回目の講義でも地方税が出てきたのですが，覚えていますか？

佐藤くん：2回目から5回目の講義は，どれも国税についてだったのでは？

鈴木教授：確かにそうなのですが，その中で地方税も少し出てきたかと思います。高橋さんは覚えていますか？

高橋さん：地方消費税と地方たばこ税でしょうか？

鈴木教授：そうです。佐藤くん，思い出しましたか？

佐藤くん：確かにそうでした。

鈴木教授：地方税のうち地方消費税と地方たばこ税については，これまでの講義で説明しましたので，今日の講義では，住民税，事業税，固定資産税について説明します。1回目の講義で，地方税には都道府県税と市町村税があると説明したかと思います。都道府県が私達に課している税金が都道府県税，市町村が私達に課している税金が市町村税です。では，住民税，事業税，固定資産税は，それぞれ都道府県税でしょうか？市町村税でしょうか？

佐藤くん：事業税は都道府県税，固定資産税は市町村税だったかと。

鈴木教授：ちゃんと覚えていましたね。では，住民税は？

佐藤くん：住民税については1回目の講義で説明されなかったので，わからないのですが，市町村税では？

鈴木教授：半分正解です。

佐藤くん：半分正解？どういうことですか？

鈴木教授：都道府県税でもあり，市町村税でもあるのです。

佐藤くん：都道府県税でもあり，市町村税でもある？都道府県税と市町村税の

6 地方税について

　　　　　中間ですか？

鈴木教授：いえ，都道府県税と市町村税の中間はありません。住民税は都道府県税と市町村税から構成されているということです。実は住民税とは，**都道府県民税**と**市町村民税**のことをいうのです。

佐藤くん：そういうことですか。

鈴木教授：所得税は個人の所得に対して課される税金，法人税は法人の所得に対して課される税金です。1回目の講義において，このように個人や法人の所得に対して課される税金を収得税というと説明しました。地方税の中の収得税はどれだったでしょうか？

佐藤くん：住民税と事業税ですよね。

鈴木教授：覚えていましたね。では，それらは誰に対して課される税金でしょうか？所得税は個人に対して，法人税は法人に対してですが。

佐藤くん：個人に対しても法人に対しても課されるのですよね。

鈴木教授：はい，それも覚えていましたね。

佐藤くん：確かに企業の損益計算書を見ると，「法人税，住民税及び事業税」と記載されているので，法人も住民税を課されるのですね。

鈴木教授：住民というと，個人を思い浮かべるかもしれませんが，住民税の住民には企業などの法人も含まれます。住民税は，個人だけでなく法人にも課される税金で，**個人住民税**と**法人住民税**に分けられます。

高橋さん：事業税は，個人事業者と法人に対して課されるのでしょうか？

鈴木教授：そうです。事業税は，都道府県がそこで事業を行っている者に対して課す税金で，企業などの法人はもちろん，個人事業者に対しても課されます。そして，法人に対して課されるものを**法人事業税**，個人に対して課されるものを**個人事業税**といいます。

<住民税と事業税>

	個人に対して	法人に対して
住　民　税	個人住民税	法人住民税
事　業　税	個人事業税	法人事業税

―◆ 住んでいなくても課税？所得がなくても課税？ ◆―

鈴木教授：ところで，住民税の「住民」とは，どのような者をいうのでしょうか？

佐藤くん：住民は，そこに住んでいる者では？

鈴木教授：普通はそうですよね。しかし，住民税の「住民」は少し違うのです。住民税は，基本的に住んでいる都道府県や市町村から課される税金ですが，そこに住んでいなくても課される場合があるのです。

佐藤くん：住んでいなくても住民？どういうことですか？

鈴木教授：まず個人住民税は，都道府県や市町村に住所を有する個人に課されますが，そのほかに，そこに事務所，事業所，家屋敷を有するものの，住所を有していない個人にも課されるのです。

高橋さん：法人住民税は，都道府県や市町村に事務所や事業所のある法人に課されるのでしょうか？

鈴木教授：それだけではないのです。法人住民税は，都道府県や市町村に事務所や事業所のある法人に課されますが，そのほかに，そこに寮などはあるものの，事務所や事業所はない法人にも課されるのです。

高橋さん：住民税の「住民」の範囲はずいぶん広いのですね。住んでいなくても課税されてしまうとは。

鈴木教授：そうですね。ただし，この後説明しますが，住んでいる者と住んでいない者とでは，課される税金の額が異なります。当然，住んでいない者の方が負担は軽くなります。

高橋さん：少しほっとしました。

鈴木教授：住んでいなくても住民税が課される場合があるという話をした後，こんな話をするのは少し心苦しいのですが，住民税は所得がなくても課されてしまいます。

佐藤くん：えっ，でも，住民税は収得税なのですよね。

鈴木教授：確かにそうなのですが，住民税は，所得がなくても，一定額を課さ

れてしまうのです。これを**均等割**といい，まず個人住民税の均等割は，誰でも一律に都道府県民税が年1,000円，市町村民税が年3,000円と決められています。

高橋さん：その程度であれば，大した負担にはなりませんね。法人住民税の均等割も，それほど高額ではないのでしょうか？

鈴木教授：はい，法人住民税の均等割の方は，すべての法人一律というわけではなく，資本金の額，事務所や事業所の従業者数に応じて，額が決められています。例えば，資本金の額が1千万円超1億円以下で，従業者数が50人以下の企業に対する法人住民税の均等割は，都道府県民税が5万円，市町村民税が13万円です。資本金の額が50億円超で，従業者数が50人超の大企業でも，都道府県民税が80万円，市町村民税が300万円です。

<個人住民税の均等割>

都道府県民税	年1,000円
市町村民税	年3,000円

<法人住民税の均等割>

区　　分		市町村民税	都道府県民税
資本金等の額	従業者数		
次に掲げる法人 イ　法人税法に規定する公共法人及び公益法人等のうち，均等割を課すことができないもの以外のもの ロ　人格のない社団等 ハ　一般社団法人及び一般財団法人 ニ　保険業法に規定する相互会社以外の法人で資本金の額又は出資金の額を有しないもの ホ　資本金等の額を有する法人で資本金等の額が1千万円以下のもの	50人超	12万円	2万円
	50人以下	5万円	
1千万円超　1億円以下	50人超	15万円	5万円
	50人以下	13万円	

1億円超　10億円以下	50人超	40万円	13万円
	50人以下	16万円	
10億円超　50億円以下	50人超	175万円	54万円
	50人以下	41万円	
50億円超	50人超	300万円	80万円
	50人以下	41万円	

―――――――― ◆ 個人の税率も一定 ◆ ――――――――

高橋さん：法人住民税の均等割も，その程度であれば，大した負担にはなりませんね。

鈴木教授：しかし，住民税は均等割だけではありません。均等割のほかに所得金額に応じた額の課税も行われます。これを個人住民税の場合は**所得割**，法人住民税の場合は**法人税割**といいます。

佐藤くん：だから住民税は収得税なのですね。

鈴木教授：そうです。まず個人住民税の所得割の額は，所得税と同様に，所得金額から所得控除を引いた額に税率を乗じ，それから税額控除を引いて計算します。ただし，所得控除は，所得税のものとは異なる個人住民税独自のものです。そして，税率は，都道府県民税が一律4％，市町村民税が一律6％です。

高橋さん：超過累進税率ではないのですね。

鈴木教授：そうなのです。個人住民税の所得割は，所得税と同様に個人の所得に対して課されるものですが，所得税と異なり，その税率は超過累進税率ではなく比例税率です。

佐藤くん：計算するのは簡単ですね。法人住民税の法人税割の額を計算する場合の税率も比例税率ですか？こちらは，法人税と異なって超過累進税率とか？

鈴木教授：いえ，法人住民税の法人税割の額を計算する場合の税率も比例税率

です。都道府県民税が５％，市町村民税が12.3％とされています。ただし，法人住民税の法人税割の額は，所得に税率を乗じて計算するのではなく，法人税額に税率を乗じて計算します。なお，法人税額といいましたが，税額控除を引いている場合は，それを引く前の額になります。

<所得割・法人税割の税率>

区　　　　　分		税　率
所　得　割	都道府県民税	4％
	市町村民税	6％
法人税割	都道府県民税	5％
	市町村民税	12.3％

高橋さん：先ほど住んでいない者の方が負担は軽くなるといわれましたが。

佐藤くん：住んでいない者に対しては税率を低くするのですか？

鈴木教授：いえ，まず個人住民税について説明しますと，都道府県や市町村に住所を有する個人には，均等割と所得割の両方が課されますが，そこに事務所，事業所，家屋敷を有するものの，住所を有していない個人には，均等割のみが課されるのです。

高橋さん：住所を有していない個人には所得割が課されないのですね。法人住民税の方も，都道府県や市町村に寮などはあるものの，事務所や事業所はない法人には法人税割が課されないのですか？

鈴木教授：はい，都道府県や市町村に事務所や事業所のある法人には，均等割と法人税割の両方が課されますが，そこに寮などはあるものの，事務所や事業所はない法人には，均等割のみが課されます。

高橋さん：都道府県や市町村に事務所や事業所のある法人には，均等割と法人税割の両方が課されるとのことですが，複数の都道府県や市町村に事務所や事業所のある法人の場合はどうなのでしょうか？すべての都道府県や市町村から均等割と法人税割の両方が課されるのでしょうか？

鈴木教授:まず均等割は,それぞれの都道府県や市町村に対して納めなければなりません。しかし,法人税割の方は,事務所などの従業者数により分割して,それぞれの都道府県や市町村に対して納めることとされています。

高橋さん:ほっとしました。法人税割もそれぞれの都道府県や市町村に対して納めなければならないとなると,かなりの負担になってしまうと思いましたので。

──────◆ サラリーマンの特典? ◆──────

鈴木教授:ところで,高橋さんは住民税をご自分で納めていますか?
高橋さん:いえ,会社に納めてもらっています。
佐藤くん:住民税も,サラリーマンの場合,源泉徴収なのですか?
鈴木教授:仕組は所得税の源泉徴収と同じなのですが,**特別徴収**といいます。サラリーマンの住民税は,所得税の源泉徴収と同様に,給与を支払う企業などが徴収して,市町村に納めるのです。
高橋さん:一応,**普通徴収**か特別徴収か,選択することができるのですが,所得税が源泉徴収されていますし,自分で納税するのは少し不安なので,特別徴収を選択しています。
佐藤くん:普通徴収?
鈴木教授:個人住民税の徴収は,都道府県民税も市町村民税も市町村が行っていて,個人事業者などは,市町村から送られてくる納税通知書に基づいて住民税を納めます。これを普通徴収というのです。
佐藤くん:特別徴収によって住民税を徴収されている人の方が,数が多いはずですよね。特別徴収の方が,特別ではなく普通のように思いますが。
鈴木教授:確かにそうですね。その「普通な」特別徴収ですが,税金を徴収する都道府県や市町村の側と税金を徴収されるサラリーマンの側,双方にとってメリットがあるのですが,どのようなメリットでしょうか?

佐藤くん：所得税の源泉徴収と同じですね。税金を徴収する都道府県や市町村の側のメリットは，税金を確実に徴収できるということ，税金を徴収されるサラリーマンの側のメリットは，面倒な手続を行わなくて済むことだと思います。

鈴木教授：そうですね。所得税の源泉徴収と住民税の特別徴収のために，サラリーマンの方の多くは，特別な事情がない限り，税金と無縁の生活を送ることになります。

高橋さん：そうしたことは良くないと思いつつ，結局，私も特別徴収を選択しています。

──────◆ 住民税法という法律はない ◆──────

鈴木教授：こうした住民税の内容は，どのような法律によって定められていると思いますか？例えば，所得税の内容は所得税法によって，法人税の内容が法人税法によって定められていますが。

佐藤くん：住民税法では？

鈴木教授：いえ，住民税法という法律はありません。ちなみに事業税法，固定資産税法といった法律もありません。

佐藤くん：えっ，そうなのですか？住民税の内容を定める法律ならば，住民税法という名前にすればいいのに。

鈴木教授：実は，そもそも住民税，事業税，固定資産税といった地方税の内容を定めているのは，法律ではないのです。

佐藤くん：では，何によって定められているのですか？

鈴木教授：そうした地方税は，どこが私達に課しているのでしょうか？

佐藤くん：都道府県や市町村ですよね。

鈴木教授：はい，地方税は，都道府県や市町村といった地方公共団体が私達に課すものです。したがって，基本的に地方公共団体がその内容を決めることができるのです。

高橋さん：地方税の内容は，法律によってではなく，それぞれの地方公共団体

の**条例**によって定められているのでしょうか？

鈴木教授：そのとおりです。国税の内容は法律によって定められていますが，地方税の内容は地方公共団体の条例によって定められているのです。

佐藤くん：でも，変ですね。先ほど住民税の税率について説明されましたけど，地方税の内容は地方公共団体の条例によって定められるとしたら，それぞれの地方公共団体によって住民税の税率はばらばらになるのではないでしょうか？

鈴木教授：実は**地方税法**という法律があり，そこでは地方公共団体が地方税についての条例を定める際の大枠が示されています。先ほど説明した均等割の額と所得割および法人税割の税率は，地方税法において示されている**標準税率**というものなのです。

佐藤くん：標準税率？

鈴木教授：標準税率とは，通常はそれによるべきであると定められている税率です。

高橋さん：ということは，地方公共団体は標準税率と異なる税率を定めることができるのですか？

鈴木教授：はい，必要がある場合，標準税率と異なる税率を定めることができるとされています。しかし，高すぎる税率を定めて，住民の負担が重くなりすぎることを防ぐために，地方税法において上限の税率が定められている場合があり，これを**制限税率**といいます。

高橋さん：住民税にも制限税率が定められているのでしょうか？

鈴木教授：法人住民税について定められていて，均等割の制限税率は標準税率の1.2倍，法人税割の制限税率は，都道府県民税が6％，市町村民税が14.7％とされています。

高橋さん：地方税法によってそうした大枠が示されているとしても，基本的に地方税の内容は地方公共団体がその条例によって定めることができます。それは租税法律主義と矛盾しないのでしょうか？

鈴木教授：税金はあくまで法律で定められたものでなければならないという租

税法律主義の趣旨は，税金を納める義務を負う私達自身がその内容を決めるべきであるというものです。法律は議会で政治家によって定められますが，その政治家を選んでいるのは私達国民です。間接的ではあっても私達国民が法律を定めているのです。では，条例を定めているのは誰でしょうか？

高橋さん：条例も法律と同じですね。地方議会で，私達が選んだ政治家によって定められているので，私達が定めていることになります。国税も地方税も，私達自身がその内容を決めて，自分達にそれを納める義務を課しているといえるのですね。

鈴木教授：ですので，地方税の内容は地方公共団体がその条例によって定めることができることと租税法律主義とは矛盾しないのです。

◆ 個人事業税の税率も一定 ◆

鈴木教授：事業税の説明に移りましょう。まず個人事業税について説明します。個人事業税を計算するうえで用いる所得金額は，基本的に所得税を計算するうえで用いるものと同じですが，いくつか異なる点があります。まず青色申告特別控除は事業税では適用されません。しかし，年間290万円の**事業主控除**というものを所得金額から引くことができるとされています。

高橋さん：青色申告特別控除は65万円ですよね。それに対して，事業主控除は290万円と高額ですね。事業主控除は何のために設けられているのでしょうか？それだけ金額が違うと，青色申告特別控除がない代わりというわけではなさそうですが。

鈴木教授：はい，青色申告特別控除と事業主控除は目的が異なります。青色申告は，個人事業者に対して所得金額を正確に計算するように促すための制度です。それに対して，事業主控除は，低所得者の負担を軽減するためのものです。

佐藤くん：事業税も住民税のように所得がなくても課されることがあるのです

か？

鈴木教授：個人に対してはありません。所得金額に税率を乗じて計算した事業税額を課されるだけです。

佐藤くん：ということは，法人に対してはあるのですか？

鈴木教授：規模の大きな企業などに対しては所得がなくても課されることがあります。詳しくは後ほど説明します。

高橋さん：税率はどうなのでしょうか？個人事業税は超過累進税率，法人事業税は比例税率なのでしょうか？それとも，個人住民税の所得割の税率が比例税率だったので，個人事業税の税率も比例税率なのでしょうか？

鈴木教授：法人事業税の税率は後ほど説明しますが，個人事業税の税率は比例税率です。ただし，事業内容によって税率が異なります。物品販売業，不動産貸付業，製造業などの第一種事業，畜産業や水産業などの第二種事業，医業，税理士業などの士業，理美容業などの第三種事業と事業を3種類に分けて，第一種事業は5％，第二種事業は4％，第三種事業は5％とされています。ただし，第三種事業のうち，あん摩，マッサージ又は指圧，はり，きゅう，柔道整復その他の医業に類する事業，装蹄師業は，特別に3％とされています。

高橋さん：それらも標準税率でしょうか？

鈴木教授：そうです。制限税率も定められていて，この標準税率の1.1倍とされています。

<個人事業税の税率>

区　　分		税　率
第一種事業	物品販売業，不動産貸付業，製造業など	5％
第二種事業	畜産業や水産業など	4％
第三種事業	医業，税理士業などの士業，理美容業など	5％
	あん摩，マッサージ又は指圧，はり，きゅう，柔道整復その他の医業に類する事業，装蹄師業	3％

6 地方税について

◆ 法人事業税の税率は累進的？ ◆

鈴木教授：次に法人事業税について説明します。法人事業税の額は，法人税を計算するうえで用いる所得金額に税率を乗じて計算します。ただし，電気供給業，ガス供給業，保険業を行う法人は例外で，その所得金額ではなく収入金額に税率を乗じて計算します。法人事業税の税率は少し細かいので，表でご覧頂きましょう。何か気付きませんか？

<法人事業税の税率>

区　　　　分			税率
電気供給業，ガス供給業，保険業を行う法人			収入金額の1.3%
特別法人	所得のうち年400万円以下の金額		5%
	所得のうち年400万円を超える金額		6.6%
資本金の額又は出資金の額が1億円を超える法人（公益法人等，特別法人，人格のない社団等，投資法人及び特定目的会社を除く）	付加価値割		0.48%
	資本割		0.2%
	所得割	所得のうち年400万円以下の金額	3.8%
		所得のうち年400万円を超え800万円以下の金額	5.5%
		所得のうち年800万円を超える金額	7.2%
その他の法人	所得のうち年400万円以下の金額		5%
	所得のうち年400万円を超え800万円以下の金額		7.3%
	所得のうち年800万円を超える金額		9.6%

（注）　地方法人特別税の創設に伴い，この税率よりも引き下げられているが，法人の負担は，地方法人特別税と合わせると，これと変わっていない。

佐藤くん：う～ん，この表を見せられても，特に。

鈴木教授：高橋さんはどうでしょう？

高橋さん：法人に対する税金なのに，税率が一定ではなく累進的ですね。

佐藤くん：えっ，どのあたりが？

高橋さん：所得金額によって税率が異なっているものがあるでしょ。

佐藤くん：あっ，確かに。
鈴木教授：そうなのです。個人事業税を計算するうえで用いる税率は，事業内容によって異なるものの，所得金額とは関係なく一定です。それに対して，法人事業税を計算するうえで用いる税率は，所得金額によって異なり，累進的です。個人の所得に課される所得税の税率は超過累進税率，法人の所得に課される法人税の税率は一定でしたが，事業税においてはその逆になっているのです。
高橋さん：この税率も標準税率でしょうか？
鈴木教授：はい，これらも標準税率です。制限税率も定められていて，この標準税率の1.2倍とされています。なお，実は法人事業税の税率は，**地方法人特別税**の創設に伴い，現在はこれよりも引き下げられています。ただし，地方法人特別税による負担に対応して引き下げられているので，法人の負担は，地方法人特別税と合わせると，これと変わっていません。
佐藤くん：地方法人特別税？
鈴木教授：地方法人特別税とは，大企業を有する地域とそうでない地域の税収の不均衡を是正するために創設されたもので，国税です。徴収された地方法人特別税は，人口と従業者数で按分して，都道府県に譲与されるのです。
高橋さん：3回目の講義で，法人の実効税率とは，法人税と地方税を合わせた法人の税負担率のことであると説明されましたが，法人税，法人住民税，法人事業税を合わせた法人の税負担率のことという理解でいいのでしょうか？
鈴木教授：はい，法人の実効税率とは，法人税，法人住民税，法人事業税を合わせた法人の税負担率のことです。ただし，それらの税率を単純に足し合わせたものではありません。なぜかというと，法人の所得を計算する際，法人事業税は損金に算入されるため，それを踏まえた調整が必要になるからです。

◆ 外形標準課税とは？ ◆

鈴木教授：法人事業税の額は，基本的に所得金額に税率を乗じて計算しますが，例外があります。1つは，電気供給業，ガス供給業，保険業を行う法人の場合で，その所得金額ではなく収入金額に税率を乗じて計算します。もう1つの例外は何かわかりますか？

高橋さん：資本金の額または出資金の額が1億円を超える法人の**付加価値割**と**資本割**でしょうか？

鈴木教授：そうです。これは**外形標準課税**といいます。外形標準課税という言葉はご存知ですか？

佐藤くん：聞いたことがあるような，ないような。

高橋さん：聞いたことがあります。確か規模に応じて課税するというものだったかと。

鈴木教授：はい，外形標準課税とは，企業の所得金額ではなく，事業規模に応じて課税するというものです。付加価値割は，付加価値額にその税率を乗じて計算するのですが，付加価値額とは，報酬給与額，純支払利子，純支払賃借料の合計額である収益配分額と単年度損益の合計額です。資本割は，資本金等の額にその税率を乗じて計算します。

高橋さん：ということは，資本金の額または出資金の額が1億円を超える法人は，赤字であっても課税されることになるのですね。

佐藤くん：先ほど規模の大きな企業などに対しては所得がなくても課されることがあるといわれたのは，このことですか？

鈴木教授：そうです。この外形標準課税のため，資本金の額または出資金の額が1億円を超える法人は，赤字であっても課税されることになるのです。

佐藤くん：規模の大きな企業などに対して厳しい制度ですね。

鈴木教授：確かにそうですね。しかし，その反面，所得割の税率をその他の法人の税率と比べてみるとわかるとおり，外形標準課税による負担に

応じて所得課税による負担が低くされています。付加価値割と資本割による負担が4分の1，所得割による負担が4分の3となるように設計され，所得割の税率が低く設定されているため，黒字のときは負担が小さくなるのです。

◆ 所有と取得に対する課税 ◆

鈴木教授：最後に固定資産税について説明します。まず固定資産税は何に対して課される税金でしょうか？

佐藤くん：土地や建物の所有に対して課される税金ですよね。

鈴木教授：はい，では，固定資産税は都道府県税でしょうか？市町村税でしょうか？

佐藤くん：市町村税です。

鈴木教授：そうですね。固定資産税とは，市町村がそこに存在する固定資産を所有している者に課す税金です。ただし，東京都の特別区に存在する固定資産を所有している者に対しては，東京都が課税します。なお，固定資産には，土地や建物のほかに，事業用の建物や機械などの償却資産も含まれます。

高橋さん：固定資産は，購入するときに多額のお金が出ていきますが，購入した後も，固定資産税が課されて，お金が出ていくのですね。

鈴木教授：都市計画区域の中の市街化区域内に土地や建物を所有していると，固定資産税と併せて**都市計画税**も課されることがあります。

佐藤くん：都市計画税？

鈴木教授：都市計画税とは，都市計画事業や土地区画整理事業を行っている市町村が，その事業の財源に充てるために課す税金です。このように固定資産を所有していると，固定資産税や都市計画税といった税金が課されてしまうのですが，固定資産を取得したときにも課される税金があります。それは何という税金でしょうか？

佐藤くん：1回目の講義で聞いたような。

6 地方税について

高橋さん：不動産取得税ですね。

鈴木教授：はい，不動産取得税とは，土地や建物の購入に対して課される税金です。では，不動産取得税は，収得税，消費税，財産税，流通税の4つの分類のうち，どれに当たるでしょうか？

佐藤くん：思い出しました。流通税ですよね。

鈴木教授：流通税とは，どのような税金でしたっけ？

佐藤くん：その意味まではちょっと。土地や建物の購入に対して課税されるなんて，変だなあと感じたことは覚えているのですが。

鈴木教授：高橋さん，どうでしょう？

高橋さん：権利の移転や商品の流通に対して課される税金という意味だったかと思います。といっても，私もその意味をきちんと理解できてはいないのですが。

鈴木教授：確かに流通税の意味はわかりにくいかと思います。不動産取得税については，土地や建物の所有権を取得したことに対して課される税金であると理解して頂ければいいかと思います。購入した土地や建物を利用することによって，その後様々な利益を得られる可能性があるからです。なお，固定資産税と都市計画税は市町村税ですが，不動産取得税は都道府県税です。

高橋さん：固定資産税，都市計画税，不動産取得税，それぞれの額は固定資産の価格に基づくのでしょうか？

鈴木教授：固定資産の価格に税率を乗じて計算します。固定資産税は標準税率が1.4％，都市計画税は制限税率が0.3％，不動産取得税は標準税率が4％とされています。

高橋さん：比例税率ですね。ということは，固定資産を所有している場合，そして，土地や建物を購入した場合は，常に課税されるのでしょうか？

鈴木教授：いえ，固定資産の価格が小さな場合は課税されません。固定資産税と都市計画税は，30万円未満の土地，20万円未満の建物，150万円

未満の償却資産に対しては課されませんし，不動産取得税も，10万円未満の土地，23万円未満の建築に係る建物，12万円未満のそのほかの建物の取得に対しては課されません。

佐藤くん：固定資産税と都市計画税が課されないケースはありそうですが，不動産取得税が課されないケースというのはなさそうですね。

鈴木教授：ほかにも，固定資産税，不動産取得税，都市計画税において，所有または取得する固定資産が住宅または住宅用の土地の場合は，税額を軽減する措置が取られています。

高橋さん：それは，住宅の取得を促すための措置でしょうか？

鈴木教授：そうです。やはり生活していくうえで住むところは欠かせませんので，住宅または住宅用の土地の所有または取得は優遇されています。こうした住宅の取得を促す税制上の措置は，所得税のところでも出てきたのですが，覚えていますか？

佐藤くん：住宅ローン控除ですよね。

鈴木教授：よく覚えていましたね。では，その内容は覚えていますか？

佐藤くん：所得税において，住宅取得のための借入金がある場合，所得税額から一定額を引くことができるもの。税額控除ですよね。

鈴木教授：そのとおり。来週の期末テストは大丈夫そうですね。

佐藤くん：まったく自信がないのですが。

高橋さん：私もです。

鈴木教授：とても簡単ですので，安心してください。でも，一応これまでの内容を復習しておいてください。本日の講義はこれで終わりです。

高橋さん・佐藤くん：ありがとうございました。

鈴木教授：(時計を見て) 本日もちょうど10分前に終わりましたね。では，これから10分で最後のミニテストを行います。一応，筆記用具以外の物はしまってください。

高橋さん・佐藤くん：はぁ〜（ため息）。

6 地方税について

<固定資産税などの税率>

名　　称	税　　率
固定資産税	標準税率1.4%
都市計画税	制限税率0.3%
不動産取得税	標準税率4%

地方税ミニテスト

学籍番号	
氏　　名	

　以下の文章中の（　）に当てはまる用語を文章下の用語リストの中から選んで答えなさい。なお，同じ用語を複数回選んでも構わない。

・所得税や法人税は，所得がなければ，課されないが，住民税は，所得がなくても，一定額が課され，これを（　1　）という。そのほかに所得金額に応じた額の課税も行われ，これを個人住民税の場合は（　2　），法人住民税の場合は（　3　）という。そして，都道府県や市町村に住所を有する個人には，（　4　）と（　5　）の両方が課されるが，そこに事務所，事業所，家屋敷を有するものの，住所を有していない個人には，（　6　）のみが課される。また，都道府県や市町村に事務所や事業所のある法人には，（　7　）と（　8　）の両方が課されるが，そこに寮などはあるが事務所や事業所はない法人には，（　9　）のみが課される。なお，複数の都道府県や市町村に事務所や事業所のある法人の場合，（　10　）は，それぞれの都道府県や市町村に対して，（　11　）は，事務所などの従業者数により分割して，それぞれの都道府県や市町村に対して納める。

・個人住民税の徴収は，市町村が行っていて，個人事業者などは，市町村から送られてくる納税通知書に基づいて住民税を納める。これを（　12　）という。それに対して，サラリーマンの住民税は，給与を支払う企業などが徴収して，市町村に納める。これを（　13　）という。

6 地方税について

- 地方税の内容は地方公共団体の（ 14 ）によって定められるが，それを定める際の大枠を示す（ 15 ）という法律がある。その中で通常はそれによるべきであると定められている税率を（ 16 ）という。また，高すぎる税率を定めて，住民の負担が重くなりすぎることを防ぐために，上限の税率が定められている場合があり，これを（ 17 ）という。

- 個人事業税を計算するうえで用いる所得金額は，基本的に所得税を計算するうえで用いるものと同じだが，いくつか異なる点がある。その1つとして，年間290万円を所得金額から引くことができるという（ 18 ）がある。

- 法人事業税の額は，基本的に所得金額に税率を乗じて計算するが（電気供給業，ガス供給業，保険業を行う法人の場合は，その所得金額ではなく収入金額に税率を乗じて計算），資本金の額または出資金の額が1億円を超える法人の付加価値割と資本割は異なる。これは（ 19 ）といい，企業の所得金額ではなく，事業規模に応じて課税するというものである。

- 土地や建物の購入に対して課される税金を（ 20 ）という。これは，権利の移転や商品の流通に対して課される税金である流通税に分類される。

<用語リスト>

外形標準課税，固定資産税，都市計画税，不動産取得税，青色申告特別控除，事業主控除，標準税率，制限税率，条例，地方税法，普通徴収，特別徴収，源泉徴収，均等割，所得割，法人税割

＜解答欄＞

1		2		3		4	
5		6		7		8	
9		10		11		12	
13		14		15		16	
17		18		19		20	

地方税の改正について

　地方税の改正としては，個人住民税の均等割の引き上げがあります。現在の個人住民税の均等割の標準税率は，都道府県民税の均等割が年1,000円，市町村民税の均等割が年3,000円です。これが，平成26年から平成35年までの10年間は，それぞれ500円ずつ加算した額になります。したがって，個人住民税の均等割は合計で年1,000円の加算ということになります。この個人住民税の均等割の引き上げは，復興特別所得税や復興特別法人税とともに，東日本大震災からの復興を図ることを目的とした施策に必要な財源を確保するためのものです。

コラム　全国各地にあるご当地税？

　別荘等所有税，歴史と文化の環境税，狭小住宅集合住宅税，遊魚税，宿泊税，これらを耳にしたことがあるでしょうか？少し変わった名称ですが，どれも実際にある税金です。

　地方税は，基本的に地方公共団体が条例によってその内容を決めることができます。地方公共団体が地方税についての条例を定める際の大枠を示しているのが地方税法で，地方税法は，地方公共団体がその住民に課すことができる税金も示しています。本文で説明した住民税，事業税，固定資産税といった地方税は，地方税法において示されている税金です。しかし，地方公共団体は，地方税法が示している税金以外の税金も定めることができ，これを法定外税といいます。

　冒頭に挙げた別荘等所有税，歴史と文化の環境税，狭小住宅集合住宅税，遊魚税，宿泊税は，どれも法定外税です。別荘等所有税は，静岡県熱海市が定めている税金で，別荘等の所有に対して課されるもの，歴史と文化の環境税は，福岡県太宰府市が定めている税金で，有料駐車場に駐車することに課されるもの，そして，狭小住宅集合住宅税は，東京都豊島区が定めている税金で，同区内における狭小住宅（専有面積30㎡未満の住宅）を有する集合住宅の建築などに課されるものです。

　遊魚税と宿泊税は，もしかしたらご存知の方がいらっしゃるかもしれません。遊魚税は，山梨県富士河口湖町が定めている税金で，河口湖での遊魚行為（釣りのことです）に対して課されるものです。その税収は，河口湖およびその周辺地域における環境の保全，環境の美化および施設の整備の費用に使うこととされています。河口湖でのブラックバス釣りは有名ですよね。

　宿泊税は，東京都が定めている税金で，ホテルまたは旅館への宿泊に対

して課されるものです。その税収は，国際都市東京の魅力を高めるとともに，観光の振興を図る施策に要する費用に使うこととされています。東京でホテルなどに宿泊して，チャックアウトの際にもらったレシートに宿泊税と記載されているのをご覧になって，「何だろう？この宿泊税って」と思われたことがあるかもしれません。

なお，遊魚税や宿泊税のように使いみちがあらかじめ決まっている税金を目的税といいます。それに対して，使いみちが決まっていない税金を普通税といいます。

法定外税はほかにもいろいろありますが，それらの多くは環境に関係があるものです。まず北海道や福島県のほかいくつかの県が定めている核燃料税があります。原子力発電所がある道や県が定めている税金で，発電用原子炉への核燃料の挿入に対して課されます。また，鹿児島県薩摩川内市と新潟県柏崎市は使用済核燃料税を定めています。使用済核燃料の貯蔵に対して課される税金ですが，いずれの市も原子力発電所がある市です。

新潟県柏崎市が定めている使用済核燃料税は目的税で，原子力発電所に対する安全対策，生業安定対策，環境安全対策，民生安定対策，そして，原子力発電所との共生に必要な費用に使うこととされていますが，それ以外の核燃料税と使用済核燃料税は普通税です。それらの税金を納めるのは，発電用原子炉の設置者である電力会社ですが，原子力発電所の設置は周辺住民にリスクと不安を強いることになります。そうしたリスクや不安の代償として支払われる税金なのでしょうか？

産業廃棄物に関わる税金もあります。北海道，青森県，京都府のほかいくつかの県は産業廃棄物税を定めています。産業廃棄物の中間処理施設または最終処分場への搬入に対して課される税金です。目的税で，その税収は，産業廃棄物の発生抑制，再生，減量そのほか適正な処理に係る施策に要する費用に使うこととされています。また，福岡県北九州市は環境未来税を定めています。最終処分場において行われる産業廃棄物の埋立処分に

対して課される税金ですが，これも目的税で，産業廃棄物税と同様の目的に使われることとされています。

　まだまだあるのですが，最後に乗鞍環境保全税と環境協力税を紹介しておきます。乗鞍環境保全税は，岐阜県が定めている税金で，乗鞍鶴ヶ池駐車場へ自動車を運転して自ら入り込む行為，または他人を入り込ませる行為に対して課されるもの，環境協力税は，沖縄県の伊是名村，伊平屋村，渡嘉敷村が定めている税金で，旅客船等によりそれらの村へ入域する行為に対して課されるものです。いずれも目的税で，乗鞍環境保全税は，乗鞍地域の自然環境の保全に係る施策に要する費用に，環境協力税は，環境の美化，環境の保全および観光施設の維持整備に要する費用に使うこととされています。

第7回　期末テスト

　今日はいよいよ期末テストです。教室には既に高橋さんと佐藤くんが来ています。二人とも『対話式でわかりやすい！税法入門教室』を真剣なまなざしで読んでいますが，そわそわと落ち着かない様子です。そんななか，今日も開始時間ぴったりに鈴木教授が教室にやって来ました。

鈴木教授

高橋さん 　　　　　　　　佐藤くん

鈴木教授：こんにちは。今日はいよいよ期末テストですね。これまでの講義内容の復習は大丈夫でしょうか？

高橋さん・佐藤くん：はぁ〜（ため息）。

鈴木教授：お二人ともそんなにため息をつかないでください。とても簡単なテストですので。

佐藤くん：本当ですか？

鈴木教授：本当です。なお，お話してなかったかと思いますが，期末テストはすべて計算問題です。

高橋さん：えっ，論述問題ではないのですか？

鈴木教授：双方向に対話しながら講義を進めてきましたので，お二人の考え方はわかったつもりです。期末テストでは，それぞれの税金の仕組を理解して頂けているかを確認させて頂きたいと思います。そうなると，計算問題が最も適当だと思われるのです。ただ，計算問題といっても，極めて簡単な内容です。

高橋さん：電卓を持ってこなかったのですが，大丈夫でしょうか？

鈴木教授：電卓を用意しましたので，お貸しします。佐藤くんはどうしますか？佐藤くんならば，電卓がなくても暗算で解けると思いますが。

佐藤くん：一応念のため僕にも貸してください。

鈴木教授：では，問題を配布します。筆記用具以外の物はしまってください。解答する時間は，この講義の時間が終わるまでです。早めに終わったら，答案を提出して帰って頂いて構いません。よろしいでしょうか。それでは，始めてください。

高橋さん・佐藤くん：はぁ〜（ため息）。

税法期末テスト

学籍番号	
氏　　名	

以下のそれぞれの問いに答えなさい。

第1問・所得税

　A氏は個人事業者で、総収入金額は2,000万円、必要経費は1,200万円である。社会保険料控除20万円、外国税額控除10万円が認められる。なお、A氏は、取引を正規の簿記の原則に従って記録している。

　また、B氏はサラリーマンで、給与収入金額は1,000万円である。社会保険料控除30万円、生命保険料控除10万円、配当控除10万円が認められる。

　この場合、A氏とB氏が納める所得税額を答えなさい。なお、給与収入に対する給与所得控除の割合、所得税の税率は以下の表に示したものを用いること。また、解答に当たっては計算過程も示すこと。

給与収入に対する給与所得控除の割合

給　与　収　入	控除率
180万円以下の部分	40%
180万円超　360万円以下の部分	30%
360万円超　660万円以下の部分	20%
660万円超　1,000万円以下の部分	10%
1,000万円超の部分	5%

所得税の税率

課税所得金額	税率
195万円以下の部分	5％
195万円超　330万円以下の部分	10％
330万円超　695万円以下の部分	20％
695万円超　900万円以下の部分	23％
900万円超　1,800万円以下の部分	33％
1,800万円超の部分	40％

＜解答欄＞

・A氏が納める所得税額

計算過程	
解答	

・B氏が納める所得税額

計算過程	
解答	

第2問・法人税

A社（資本金2億円，特定同族会社ではない）の税引前当期純利益は9,000万円だが，受取配当金に計上している100万円はすべて100％子会社からのものである。引当金は貸倒引当金のみ200万円，交際費は300万円を計上している。減価償却費は400万円を計上しているが，法人税法で定められた

減価償却の方法で計算した減価償却費の額は300万円である。寄附金の支払いはない。

この場合，A社が納める法人税額を答えなさい。なお，税率は30％を用いること。また，解答に当たっては計算過程も示すこと。

＜解答欄＞

計算過程	
解答	

第3問・相続税

亡くなったA氏には2億円の遺産があり，A氏の妻が5,000万円，30歳の息子が1億5,000万円ずつ相続することにした。この場合，A氏の妻と長男が納める相続税額を答えなさい。なお，相続税の税率は以下の表に示したものを用いること。また，解答に当たっては計算過程も示すこと。

相続税の税率

法定相続分の額	税　率
1,000万円以下の部分	10％
1,000万円超　3,000万円以下の部分	15％
3,000万円超　5,000万円以下の部分	20％
5,000万円超　1億円以下の部分	30％
1億円超　3億円以下の部分	40％
3億円超の部分	50％

<解答欄>

計算 過程	
解答	

第4問・消費税

　製造業を営むA社の売上は，消費税相当額350万円を含めて7,350万円であり，仕入は，消費税相当額200万円を含めて4,200万円である。

　また，小売業を営むB社の売上は，消費税相当額200万円を含めて4,200万円であり，仕入は，消費税相当額150万円を含めて3,150万円である。

　この場合，A社とB社が納める所得税額を答えなさい。なお，簡易課税制度を選択することができる場合はそれを選択することとし，それを選択した場合のみなし仕入率は以下の表に示したものを用いること。また，解答に当たっては計算過程も示すこと。

みなし仕入率

業　　　　種	みなし仕入率
第一種事業（卸売業）	90%
第二種事業（小売業）	80%
第三種事業（製造業等）	70%
第四種事業（その他）	60%
第五種事業（サービス業等）	50%

<解答欄>

・A社が納める消費税額

計算 過程	
解答	

・B社が納める消費税額

計算 過程	
解答	

第5問・地方税

　物品販売業を営む個人事業者のA氏の所得金額は1,000万円である（所得控除を引いた後の額）。なお，A氏は，取引を正規の簿記の原則に従って記録していない。また，住所を有する市町村以外の市町村に事務所，事業所，家屋敷を有してはいない。

　また，不動産業を営むB社（資本金2,000万円，従業員数5名）の所得金額は9,000万円である。なお，1つの市町村にのみ事務所および事業所を有し，ほかの市町村には寮なども有していない。

　この場合，A氏とB社が納める住民税と事業税の額を答えなさい。なお，個人住民税を計算するうえで用いる所得金額は，所得税を計算するうえで用いるものと同じになると仮定すること。また，法人税の税率は30％を，住民税および事業税の税率は以下の表に示したものを用いること。そして，解答に当たっては計算過程も示すこと。

個人住民税の均等割

都道府県民税	年1,000円
市町村民税	年3,000円

法人住民税の均等割

区分		市町村民税	都道府県民税
資本金等の額	従業者数		
次に掲げる法人 イ　法人税法に規定する公共法人及び公益法人等のうち，均等割を課すことができないもの以外のもの ロ　人格のない社団等 ハ　一般社団法人及び一般財団法人 ニ　保険業法に規定する相互会社以外の法人で資本金の額又は出資金の額を有しないもの ホ　資本金等の額を有する法人で資本金等の額が1千万円以下のもの	50人超	12万円	2万円
	50人以下	5万円	
1億円超　1億円以下	50人超	15万円	5万円
	50人以下	13万円	
1億円超　10億円以下	50人超	40万円	13万円
	50人以下	16万円	
10億円超　50億円以下	50人超	175万円	54万円
	50人以下	41万円	
50億円超	50人超	300万円	80万円
	50人以下	41万円	

所得割・法人税割の税率

区　　分		税　率
所　得　割	都道府県民税	4 %
	市 町 村 民 税	6 %
法 人 税 割	都道府県民税	5 %
	市 町 村 民 税	12.3%

個人事業税の税率

	区　　　分	税率
第一種事業	物品販売業，不動産貸付業，製造業など	5 %
第二種事業	畜産業や水産業など	4 %
第三種事業	医業，税理士業などの士業，理美容業など	5 %
	あん摩，マッサージ又は指圧，はり，きゅう，柔道整復その他の医業に類する事業，装蹄師業	3 %

法人事業税の税率

区　　　分			税　　率
電気供給業，ガス供給業，保険業を行う法人			収入金額の1.3%
特別法人	所得のうち年400万円以下の金額		5 %
	所得のうち年400万円を超える金額		6.6%
資本金の額又は出資金の額が1億円を超える法人（公益法人等，特別法人，人格のない社団等，投資法人及び特定目的会社を除く）	付加価値割		0.48%
	資本割		0.2%
	所得割	所得のうち年400万円以下の金額	3.8%
		所得のうち年400万円を超え800万円以下の金額	5.5%
		所得のうち年800万円を超える金額	7.2%
その他の法人	所得のうち年400万円以下の金額		5 %
	所得のうち年400万円を超え800万円以下の金額		7.3%
	所得のうち年800万円を超える金額		9.6%

<解答欄>

・A氏が納める住民税と事業税の額

計算過程	
解答	

・B社が納める住民税と事業税の額

計算過程	
解答	

研究室訪問(1)－税法をもっと学ぶためのブックガイド

期末テストの後，高橋さんと佐藤くんが鈴木教授の研究室を訪れました。二人とも鈴木教授に何か質問があるようです。佐藤くんは，手に『税理士最短合格へのスタートガイド』という本を持っています。

鈴木教授

高橋さん　　　　　　　　佐藤くん

◆「入門の入門」の後の入門書 ◆

高橋さん・佐藤くん：失礼します。

鈴木教授：狭いところですが，どうぞ。そこのソファにおかけください。ところで，今日の期末テストはどうでしたか？

佐藤くん：自信はまったくありませんが，一応すべて解答しました。

高橋さん：私も自信はないのですが，なんとかすべて解答することができました。

鈴木教授：（二人の答案を見ながら）お二人とも良くできていますよ。成績の方は安心してください。

佐藤くん：本当ですか？

高橋さん：良かったぁ。

鈴木教授：ところで，今日はお二人そろってわざわざ研究室までお越し頂いて，どうしたのですか？

高橋さん：先生の税法の講義を聞いて，税法に関心がわきました。税法についてもっと学びたいのですが，どうしたらいいのかについてお聞きしたいと思いまして。

鈴木教授：そうですか。それはうれしいですね。教師冥利につきます。佐藤くんもですか？

佐藤くん：はい！

鈴木教授：では，まず税法を学ぶための本を何冊か紹介しましょう。お二人とも，教科書に指定した鈴木広樹著『対話式でわかりやすい！ 税法入門教室』はもう既に読まれましたよね。

高橋さん：はい，もう何度も繰り返し読みました。

佐藤くん：僕も穴が開くかと思うほど読みました。

鈴木教授：ははは，穴が開くほどとはすごいですね。『対話式でわかりやすい！ 税法入門教室』は，入門の入門といった内容かと思います。それでは，次に読むべき本として，まず2冊の入門書を紹介しま

　　　　　　　しょう。三木義一著『日本の税金・新版』と金子宏・清永敬次・宮
　　　　　　　谷俊胤・畠山武道著『税法入門（第6版）』です。いずれも新書です。
高橋さん：どちらも新書で読みやすそうですが，特に『日本の税金・新版』の
　　　　　　　方は読みやすそうですね。
鈴木教授：『日本の税金・新版』では，日本の税金の基本的な仕組とその問題
　　　　　　　点が論じられています。著者の三木義一先生はほかにも多くの税法
　　　　　　　の入門書を書かれているのですが，どれもとても読みやすい内容で
　　　　　　　す。
佐藤くん：『税法入門（第6版）』の方は少し難しそうな感じがします。分量は
　　　　　　　多くないのですが。
鈴木教授：『日本の税金・新版』と書き振りが違うので，そうした印象を持た
　　　　　　　れるのかもしれませんが，決して難しくはないかと思います。税法
　　　　　　　の権威の先生方が，税法の全体像を示すべく執筆された本です。著
　　　　　　　者のうち金子宏先生と清永敬次先生は，ともに有名な税法のテキス
　　　　　　　トを執筆されています。後ほどそれらも紹介しますね。
高橋さん：巻末の参考文献が参考になりそうですね。
鈴木教授：そうですね。巻末の参考文献は，さらに学習を進めていくうえでの
　　　　　　　ブックリストとしても利用できるかと思います。

・三木義一『日本の税金・新版』（岩波新書・2012）
・金子宏・清永敬次・宮谷俊胤・畠山武道『税法入門（第6版）』（有斐閣
新書・2007）

高橋さん：『日本の税金・新版』は2012年発行ですが，『税法入門（第6版）』は
　　　　　　　2007年発行です。税法は頻繁に改正されるのですが，それらの本の
　　　　　　　内容は古くならないのでしょうか？
鈴木教授：税法は頻繁に改正されます。ですので，税法に関する本の内容は，
　　　　　　　そうした法改正に対応せず，古くなる可能性があります。どの本も
　　　　　　　法改正に対応して改訂版が発行されるとは限りませんからね。紹介

したそれら2冊のうち『税法入門（第6版）』の方は部分的に古くなっている箇所があるかもしれません。

佐藤くん：えっ，じゃあ，もうその本は読まないほうがいいのですか？

鈴木教授：いえ，そんなことはありません。仮に法改正により部分的に古くなった箇所があるとしても，それらの本の価値がなくなったわけではありません。それらの本はあくまで基本的な知識と考え方を学ぶために読むべきでしょう。

高橋さん：最新の税法をチェックするためにはどうしたらいいのでしょうか？

鈴木教授：『図説　日本の税制』を読むといいでしょう。日本の税法を図表を交えてコンパクトに解説している本なのですが，毎年発行されているので，この本を読むと，現在の税法の概要をチェックすることができます。

佐藤くん：1つの項目が見開き2頁で解説されていて，文章と図表が半分ずつなので，読みやすそうですね

・諏訪園健司『図説　日本の税制（平成23年度版）』（財経詳報社・2011）

◆ 本格的に学ぶ ◆

鈴木教授：それでは，次に入門書を読んだ後に読むべき税法のテキストを紹介しましょう。まず金子宏著『租税法（第17版）』です。この本は，現在，税法のテキストの最高峰といえるかもしれません。なお，金子宏先生は，先ほど紹介した『税法入門（第6版）』の著者のお一人でもあります。

佐藤くん：それにしても分厚いですね。1,008頁もありますよ。

高橋さん：入門書の次にこれというのは，少しハードルが高いように思うのですが。

鈴木教授：確かに入門書の後にいきなりこの本では大変かもしれませんね。まずは必要なところから読み始めたり，辞書のように調べるために使

うといいかもしれません。

高橋さん：毎年改訂されているようなので，とりあえず辞書のように使えるかもしれませんね。

鈴木教授：はい，ほぼ毎年改訂されています。金子宏先生には本当に頭が下がりますね。

高橋さん：入門書とこの本の中間のような本はないのでしょうか？通読できそうな。

鈴木教授：そうですね。では，清永敬次著『税法（第7版）』はいかがでしょうか。清永敬次先生も，先ほど紹介した『税法入門（第6版）』の著者のお一人です。この本も，『租税法（第17版）』と並んで税法のテキストの最高峰といえるでしょう。

佐藤くん：でも，それほど厚くないですね。本文が342頁ですので。

高橋さん：これならば通読できそうです。

鈴木教授：入門書の後，まずこの『税法（第7版）』を読み，その後で『租税法（第17版）』に挑戦するといいかもしれませんね。

・金子宏『租税法（第17版）』（弘文堂・2012）
・清永敬次『税法（第7版）』（ミネルヴァ書房・2007）

◆ 判例を学ぶ ◆

佐藤くん：それだけ読めば完璧ですよね。

鈴木教授：いえいえ，学問にゴールはありませんので，それだけ読んでも完璧とはいえませんよ。確かに今紹介した本を読めば，税法とはどのようなものかはわかるかもしれませんが，それらの本にすべての答えが書かれているわけではありません。

佐藤くん：では，ほかに何を読めばいいのですか？まさか『税法入門（第6版）』の巻末の参考文献に載っている本をすべて読まなければならないのですか？

鈴木教授：おそらくどんなに多くの本を読んでも，そこからすべての答えを得られるわけではないでしょう。税法を学ぶうえで生じる疑問は限りがないものです。何冊かの本を読めば，すべての答えを得られるという考えは捨てるべきです。まずは考え方を身に付けるためという姿勢で本を読むべきでしょう。

佐藤くん：はぁ。

鈴木教授：税法について考える材料を提供してくれる本として，水野忠恒・中里実・佐藤英明・増井良啓・渋谷雅弘編『租税判例百選（第5版）』を紹介しておきましょう。

高橋さん：税金に関する裁判例を紹介して，それについて解説しているのですね。

鈴木教授：そうした裁判例は，税法について考える格好の材料になります。裁判所の見解が必ずしも正しいとは限りませんからね。

佐藤くん：ですが，これを通読するのは大変そうですね。

鈴木教授：税法について考える材料を提供してくれる本ですので，通読するよりも，まずはその中から関心のある裁判例を抜き出して，それについて検討してみるといいでしょう。勉強会を開いて，1つの裁判例について皆で議論したりするといいのではないでしょうか。

・水野忠恒・中里実・佐藤英明・増井良啓・渋谷雅弘編『租税判例百選（第5版）』（有斐閣・2011）

◆ 税理士を目指すなら ◆

佐藤くん：税法について学ぶのって，やはり大変そうですね。

鈴木教授：税法に限らず，どのような学問でも，本格的に学ぼうとしたら，それなりに大変だと思いますが。

佐藤くん：確かにそうかもしれませんが，少し気がめいってしまいました。

高橋さん：ところで，私達は税理士という資格にも関心がありまして，それに

研究室訪問(1)－税法をもっと学ぶためのブックガイド

ついてもお聞きできればと思っているのですが。

鈴木教授：そうですか。おっ，佐藤くんは鈴木広樹著『税理士最短合格へのスタートガイド』をお持ちですね。

佐藤くん：はい，先生の税法の講義を聞いて，税法に関心がわいたので，将来の選択肢として税理士もいいかなと思ったのですが。でも，税法を学ぶのは大変そうなので，迷っています。

鈴木教授：確かに税理士になったら，税法について学び続けないといけませんね。ただ，佐藤くんは，計算が得意ですし，記憶力も良いようなので，税理士に向いているように思うのですが。

佐藤くん：本当ですか？それなら，やはり税理士を目指そうかな。

鈴木教授：立ち直りが早いですね。そうしたところも税理士向きかもしれません。立ち直りの早さは，税理士になってからもですが，なるまでにも必要なのです。税理士について知るためには，佐藤くんがお持ちの鈴木広樹著『税理士最短合格へのスタートガイド』を読まれるのが一番かと思います。佐藤くんはもう読まれたのですか？

佐藤くん：いえ，まだ少しだけ。

高橋さん：私も購入します。

鈴木教授：『税理士最短合格へのスタートガイド』を読めば，税理士の仕事内容から税理士になる方法まで，税理士に関するすべてのことがわかるはずです。しかも，大変わかりやすく書かれています。ですが，せっかく研究室にお越し頂いたので，少しだけ税理士についても説明させて頂こうかと思います。

高橋さん・佐藤くん：ぜひよろしくお願いします！

・鈴木広樹『税理士最短合格へのスタートガイド』（自由国民社・2011）

研究室訪問(2)－税理士になるには？

　高橋さんと佐藤くんは，鈴木教授から税法をもっと学ぶための本の紹介を受けた後，税理士についての話を聞くことになりました。二人とも税務の専門家である税理士という資格にとても関心があるようです。特に佐藤くんは『税理士最短合格へのスタートガイド』を既に購入していました。

鈴木教授

高橋さん

佐藤くん

────────── ◆ 税理士とは？ ◆ ──────────

鈴木教授：まず税理士とはどのような存在なのかについてお話しましょう。佐藤くん，税理士とは何の専門家かわかりますか？

佐藤くん：税務の専門家ですよね。

鈴木教授：そのとおり。では，なぜ税理士という税務の専門家が社会に必要とされるのでしょうか？

佐藤くん：税法が極めて複雑だからでは？

鈴木教授：そうですね。日本の税法は極めて複雑です。そのため，税金について相談できる存在がいた方がいいはずです。それと，税金についてのある制度のために，税理士という税務の専門家がどうしても社会に必要なのですが，何という制度かわかりますか？

高橋さん：税金についてのある制度？

佐藤くん：あっ，**申告納税制度**ですね。

鈴木教授：はい，**申告納税制度**とは，どのような制度でしょうか？

佐藤くん：納税者が自らの所得を計算し，納税額を計算する制度です。

高橋さん：税理士について既に勉強していますね。

鈴木教授：所得税や法人税といった多くの税金の額は，申告納税制度により納税者が自ら計算しなければなりません。サラリーマンの多くは自分で納税額を計算していないかもしれませんが，基本的に私達は自分で納税額を計算しなければならないのです。しかし，日本の税法は極めて複雑で，納税者が自分で納税額を計算するのは，実際のところ困難なため，納税者をサポートする存在が必要とされます。それが税理士なのです。

＜税理士法第1条（税理士の使命）＞

　税理士は，税務に関する専門家として，独立した公正な立場において，申告納税制度の理念にそつて，納税義務者の信頼にこたえ，租税に関する法令に規定された納税義務の適正な実現を図ることを使命とする。

高橋さん：ということは、納税者からの税務の相談に応じてあげたり、納税者の代わりに税務を行ってあげることが、税務の専門家である税理士の仕事なのでしょうか？

鈴木教授：税理士が行う税務業務には、税務代理、税務書類の作成、税務相談があります。これらは税理士の独占業務で、税理士でなければ行うことができないとされています。なお、税務代理には税務調査の立会も含まれます。

高橋さん：そういえば、先日私の会社が税務調査を受けたのですが、その際、顧問税理士の方に立ち会ってもらいました。

鈴木教授：税務業務のほかに、独占業務ではありませんが、会計業務も税理士の重要な仕事です。会計業務とは、企業の会計帳簿の記帳や決算書の作成などを代行したり、指導したりすることです。

高橋さん：税理士というと、税務だけでなく会計の専門家でもあるというイメージを持っているのですが。

鈴木教授：税理士は、税務の専門家であるとともに会計の専門家でもあるといえるでしょう。税務と会計は密接な関係にありますし、後で説明しますが、税理士になるための税理士試験の試験科目には会計に関する科目もあります。

<税理士の仕事>

税務業務 (独占業務)	税務代理（税務調査の立会を含む）
	税務書類の作成
	税務相談
会計業務（会計帳簿の記帳や決算書の作成などを代行・指導）	

◆公認会計士との違い◆

高橋さん：税理士と似た資格に公認会計士がありますが、税理士と公認会計士は何が違うのでしょうか？

鈴木教授：税理士は税務と会計の専門家ですが、公認会計士は監査と会計の専

門家です。両者とも会計の専門家であるため，混同されやすいようですね。また，公認会計士は税理士になることもできるという事情も，両者をより混同されやすくしているようです。

高橋さん：公認会計士が専門とする監査とは，監査役が行う監査のことですか？

鈴木教授：いえ，公認会計士による監査と監査役による監査とは異なります。監査役は，株式会社の中で取締役の職務執行を監査する機関で，取締役の職務執行が法令や定款に違反していないか，著しく不当でないかを確認して指摘します。それに対して，公認会計士は，企業の決算情報が適正であることについて意見を表明して，その信頼性を保証するのです。また，監査役による監査は，会計だけでなく業務全般に関する監査ですが，公認会計士による監査は，あくまで会計に関する監査です。

高橋さん：なぜそうした公認会計士による監査が社会に必要とされるのでしょうか？

鈴木教授：株主，投資家，債権者などの企業の利害関係者を保護するためです。例えば，企業が誤った情報を開示した場合，その情報に基づいてその企業に投資した投資家は損失を被ってしまいますよね。

高橋さん：なるほど。公認会計士は監査の専門家ということは，監査業務は公認会計士の独占業務なのですね。

鈴木教授：そうです。税務業務は税理士の独占業務ですが，監査業務は，公認会計士でなければ行うことができない，公認会計士の独占業務です。

＜公認会計士法第1条（公認会計士の使命）＞

公認会計士は，監査及び会計の専門家として，独立した立場において，財務書類その他の財務に関する情報の信頼性を確保することにより，会社等の公正な事業活動，投資者及び債権者の保護等を図り，もつて国民経済の健全な発展に寄与することを使命とする。

研究室訪問(2)－税理士になるには？

佐藤くん：う〜ん，公認会計士も面白そうですね。税理士と公認会計士，どちらを目指すべきか。

鈴木教授：監査業務と税務業務のどちらに関心がありますか？それぞれの業務の内容はまったく異なりますし，勤務形態も異なってきますよ。

佐藤くん：勤務形態もですか？

鈴木教授：税理士の多くが独立開業しているように税務業務は個人で行うことができますが，監査業務は個人で行うことが困難なのです。公認会計士による監査が必要な企業は，上場企業などの大企業であり，その監査は，通常，監査法人が行います。監査法人とは，監査を行うために公認会計士が共同で設立した法人です。監査業務に携わろうとする場合は，監査法人に勤務しなければなりません。

佐藤くん：ということは，公認会計士だと，勤め人になるのですね。それならば，独立開業できる税理士の方がいいかな。

鈴木教授：相手にする顧客も異なってきます。監査業務に携わる場合，顧客は主に大企業です。それに対して，税務業務に携わる場合は，中小企業や個人も顧客になります。

佐藤くん：中小企業の社長さんを相手にするのは少し大変そうですね。悩むなあ。

高橋さん：公認会計士は税理士にもなれるのですよね。それならば，とりあえず公認会計士を目指してみたらいいのでは。

鈴木教授：そうですね。公認会計士は税理士にもなれるので，どちらにも関心があって，どちらにすべきか判断がつかないのであれば，まずは公認会計士を目指すといいかもしれません。

佐藤くん：そうなのかもしれませんが，疑問に思うことが。

鈴木教授：何でしょうか？

佐藤くん：公認会計士は税理士にもなれるのならば，みんな税理士ではなく公認会計士を目指しそうですが，そうではないですよね。税理士を目指している人もたくさんいます。どうしてでしょうか？

鈴木教授：それは，税理士になる方法と公認会計士になる方法とがまったく異なるからです。税理士は基本的に誰でも目指すことができると思われます。それに対して，公認会計士は誰でも目指すことができるわけではありません。実は公認会計士を目指すに当たっては，まずそれを目指すことができる環境にいることが条件になるのです。

<税理士と公認会計士の比較>

	税 理 士	公認会計士
何の専門家？	税務と会計の専門家 税務業務は税理士の独占業務	監査と会計の専門家 監査業務は公認会計士の独占業務
勤務形態	独立開業が可能 通常は税理士事務所勤務などを経てから独立 税理士法人勤務や企業内税理士の道もある	監査法人に勤務 監査業務を個人で行うのは困難 独立開業する場合は，通常，税理士登録をして税務業務を行うことに
主な顧客	中小企業や個人も もちろん大企業が顧客になる可能性もある（特に税理士法人に勤務した場合など）	主に大企業 監査の対象となるのは，上場企業などの大企業 独立開業して税務業務を行う場合は，中小企業や個人も顧客に

◆ 税理士になる方法 ◆

佐藤くん：税理士になる方法と公認会計士になる方法はどのように異なるのでしょうか？

鈴木教授：まず税理士になる方法から説明していきましょう。税理士になるためにはどうしたらいいと思いますか？

佐藤くん：税理士試験に合格するのですよね。

鈴木教授：そうですね。税理士試験に合格することが，税理士になるための最も標準的な方法といえるでしょう。

高橋さん：最も標準的な方法？税理士試験に合格すること以外に税理士になる方法があるのですか？１つは公認会計士になって税理士になること

だと思いますが，それ以外にもあるのでしょうか？
鈴木教授：はい，それ以外に税務署等の職員になって税理士になる方法と弁護士になって税理士になる方法とがあります。それらについては後ほど説明することとして，まず税理士試験に合格して税理士になる方法について説明しましょう。税理士試験に合格することが，税理士になるための最も標準的な方法といえるのですが，実は税理士試験に合格しただけでは，税理士になることができません。
高橋さん：どういうことですか？
鈴木教授：佐藤くん，わかりますか？
佐藤くん：実務経験が必要なのですよね。
高橋さん：実務経験？
鈴木教授：税理士試験に合格して税理士になる場合，2年以上の実務経験も必要とされるのです。
高橋さん：それは税務の実務経験ですか？
鈴木教授：必要とされる実務経験とは，租税に関する事務または会計に関する事務で政令に定めるものとされています。税理士事務所勤務のほか，企業の経理部勤務などでも大丈夫です。
高橋さん：私の現在の仕事でも大丈夫そうですね。
佐藤くん：僕の方は税理士事務所に勤めたりしないといけないのですが。
鈴木教授：税理士試験合格と2年以上の実務経験，それら2つの条件を満たしたうえで日本税理士会連合会に備える税理士名簿に登録します。そうして初めて税理士になることができます。
高橋さん：日本税理士会連合会？
鈴木教授：日本税理士会連合会とは，簡単にいうと全国の税理士の集まりです。税理士法で，税理士は，国税局の管轄区域ごとに税理士会を設立しなければならず，全国の税理士会は，日本税理士会連合会を設立しなければならないとされています。そのメンバーに加えてもらって初めて税理士になることができるのです。

―――<税理士試験に合格して税理士になる>―――
| 税理士試験合格 | + | 2年以上の実務経験 |
→ 税理士名簿への登録 → 税理士

高橋さん：結構長い道のりですね。

鈴木教授：以上が税理士試験に合格して税理士になる方法です。では，それ以外の税理士になる方法について説明しましょう。まず公認会計士になって税理士になる方法ですが，公認会計士になるためにはどうしたらいいと思いますか？

佐藤くん：公認会計士試験に合格するのでは？

鈴木教授：そうです。公認会計士になるためには公認会計士試験に合格しなければなりません。税理士と異なり，公認会計士になる方法は，公認会計士試験に合格する以外にありません。

高橋さん：先ほど公認会計士は誰でも目指すことができるわけではないといわれたのは，その公認会計士試験は誰でも目指すことができるわけではないという意味でしょうか？

鈴木教授：はい，公認会計士試験の詳細については後ほど説明しますが，学習に専念できる環境にいる方が合格しやすい試験です。ですので，社会人の方がそれを目指すのは困難だといえます。しかし，税理士試験よりも短い学習期間で合格できる可能性があるので，特に学生など学習に専念できる環境にいる方は検討する価値があるでしょう。

高橋さん：私の場合，公認会計士になって税理士になる方法は選択できそうにありませんね。

佐藤くん：僕も大学院を修了したら就職しなければならないしなあ。

鈴木教授：次は税務署等の職員になって税理士になる方法です。税務署等で公務員として一定期間税務に関する職務についていると税理士資格を得ることができるのです。

高橋さん：その方法も私には縁がなさそうですね。

鈴木教授：確かに，公務員試験には年齢制限があるので，この方法を選択できるのも，主に学生の方に限られるでしょう。それに，税務署等の職員になってから税理士になるまでには，税務署であれば23年以上の勤務が必要とかなりの時間がかかります。しかし，学生の方であれば，まず税務署等の職員として働き，いずれ税理士にという選択肢もあるでしょう。

高橋さん：佐藤くん，どうですか？

佐藤くん：税務署に23年以上勤めなければならないのですか？あまり気がすすまないのですが。でも，税務署等の職員になるための試験は税理士試験よりも簡単なのかな？

鈴木教授：単純に比較することはできませんが，税務署等の職員になるための試験は税理士試験よりハードルが低いといえるでしょう。時間はかかるけれども着実な方法かもしれません。

高橋さん：もう1つ，弁護士になって税理士になる方法があるといわれましたが。

鈴木教授：一応参考までにということで。確かに弁護士も，公認会計士と同様，税理士になることができます。しかし，弁護士になるためには，法科大学院を修了したうえで司法試験に合格しなければなりません。税理士になるために弁護士になるというのは現実的な選択ではないでしょう。

<税理士試験経由との比較>

	メリット	デメリット
公認会計士になって税理士になる方法	公認会計士試験は，税理士試験よりも短い学習期間で合格できる可能性がある	公認会計士試験は，学習に専念できる環境にいないと，合格が困難
税務署等の職員になって税理士になる方法	税務署等の職員になるための試験は税理士試験よりハードルが低い	税理士になるまでに，かなりの時間がかかる（税務署であれば23年以上の勤務が必要）

── ◆ 税理士試験とは？ ◆ ──

鈴木教授：では，税理士試験について説明しましょう。税理士試験には，簿記論，財務諸表論，所得税法，法人税法，相続税法，消費税法，酒税法，国税徴収法，住民税，事業税，固定資産税という11個の試験科目があります。簿記論と財務諸表論が会計科目，そのほかの科目が税法科目です。

高橋さん：11科目もあるのですか？

鈴木教授：11科目すべてに合格しなければならないわけではありません。その中から選んで受験するのです。そして，5科目を合格すれば，税理士試験合格になるのです。これを科目選択制度といいます。

高橋さん：ほっとしました。好きな科目を選んで受験すればいいのですね。

鈴木教授：ただし，合格するのは，どの5科目でもいいというわけではありません。例えば，簿記論，財務諸表論，法人税法，消費税法，事業税に合格すれば，税理士試験合格になりますが，簿記論，相続税法，消費税法，住民税，固定資産税に合格しても，税理士試験合格にはなりません。

高橋さん：どういうことでしょうか？科目を選ぶうえでのルールがあるのですか？

鈴木教授：はい，まず簿記論と財務諸表論，すなわち会計科目は必ず合格しなければいけません。そして，税法科目のうち所得税法または法人税法のいずれか1科目も必ず合格しなければいけません。また，税法科目のうち消費税法と酒税法はいずれか1科目しか，住民税と事業税もいずれか1科目しか選ぶことができません。

高橋さん：なるほど，そうしたルールに従って11科目中5科目合格すれば，税理士試験合格になるのですね。ただ，5科目合格するのも結構大変そうですね。

鈴木教授：5科目を一度に受験して合格しなければならないわけではないので

すよ。
高橋さん：複数回にわけて受験できるのですか？
鈴木教授：佐藤くん，税理士試験の2大特徴というと，科目選択制度ともう1つ何という制度のことをいうかわかりますか？
佐藤くん：科目合格制度ですよね。
高橋さん：科目合格制度？
鈴木教授：税理士試験は，5科目を一度に受験して合格しなければならないわけではなく，複数回に分けて受験していいのです。そして，合格した科目は生涯有効となります。これを科目合格制度といいます。
高橋さん：私のような社会人が取り組みやすい試験ですね。
鈴木教授：そうですね。学習に使える時間が限られている社会人にとって，一度に合格する必要がなく，1科目ずつ合格を積み上げていける税理士試験は取り組みやすい試験といえるでしょう。合格した科目は生涯有効ですから，何科目か合格した後，仕事の都合で学習を中断せざるを得ない場合でも，期間を空けてまた学習を再開することが可能です。

<税理士試験の試験科目>

会計科目	簿記論	必ず合格
	財務諸表論	
税法科目	所得税法	いずれか1科目は必ず合格
	法人税法	
	相続税法	
	消費税法	いずれか1科目しか選択できない
	酒税法	
	国税徴収法	
	住民税	いずれか1科目しか選択できない
	事業税	
	固定資産税	

高橋さん：それに対して，公認会計士試験の方は社会人が取り組みやすい試験とはいえないのですね。

鈴木教授：そうなのです。では，次に公認会計士試験について説明しましょう。公認会計士試験は，短答式試験と論文式試験の2段階に分かれていて，短答式試験に合格すると論文式試験を受験することができます。税理士試験のように科目を選んで受験する形式ではなく，それぞれの試験で受験する科目が決まっています。短答式試験の科目は，財務会計論，管理会計論，監査論，企業法です。論文式試験は，まず必須科目が，会計学，監査論，企業法，租税法で，これらは必ず受験しなければなりません。会計学は，短答式試験の科目の財務会計論と管理会計論を合わせた内容です。そして，選択科目が，経営学，経済学，民法，統計学で，これらの中から1科目を選んで受験します。

佐藤くん：短答式試験と論文式試験の両方に監査論があるのですね。

鈴木教授：公認会計士は監査の専門家ですからね。

高橋さん：公認会計士試験でも論文式試験に租税法があるのですね。

鈴木教授：その租税法の内容は法人税法が中心になります。税理士は個人が顧客になることもありますが，公認会計士の顧客は企業だからです。

高橋さん：短答式試験は4科目，論文式試験は5科目。ただ，論文式試験の会計学は，短答式試験の科目の財務会計論と管理会計論を合わせた内容ということなので，実質的には6科目といえるのかもしれません。税理士試験よりも合格しなければならない科目数は多いといえるのかもしれませんが，公認会計士試験にも科目合格制度が導入されているのでしょうか？

鈴木教授：公認会計士試験には部分的に科目合格制度が導入されているといえます。

佐藤くん：部分的に？

鈴木教授：まず短答式試験に合格した場合，その後2年間は短答式試験が免除されます。したがって，短答式試験に合格したけれども，論文式試

験は不合格だった場合，その翌年と翌々年，あらためて短答式試験を受験することなく，論文式試験を受験することができます。

佐藤くん：免除されるのは2年間だけですか。

高橋さん：短答式試験は一度にすべての科目に合格しなければならないのですね。論文式試験の方はどうなのでしょうか？

鈴木教授：論文式試験も基本的に一度にすべての科目に合格する必要があります。しかし，論文式試験が不合格の場合でも，一部の科目の成績が一定以上に達していた場合，その科目の受験がその後2年間免除されます。論文式試験は，その科目以外の科目だけ受験すればいいことになるのです。

佐藤くん：それでも，免除されるのは2年間だけなのですね。

鈴木教授：税理士試験の科目合格制度には有効期間がなく，合格した科目は生涯有効です。それに対して，公認会計士試験の場合，短答式試験の免除も，論文式試験の科目免除も，有効期間は2年間だけです。

高橋さん：確かに公認会計士試験は社会人が取り組みやすい試験ではなさそうですね。

<公認会計士試験の試験科目>

短答式試験	財務会計論
	管理会計論
	監査論
	企業法
論文式試験	会計学（財務会計論・管理会計論）
	監査論
	企業法
	租税法
	経営学／経済学／民　法／統計学　の中から選んだ1科目

鈴木教授：公認会計士になる場合，実は公認会計士試験で試験は終わりではありません。

佐藤くん：えっ，ほかにも試験を受けなければならないのですか？

鈴木教授：公認会計士になるには，日本公認会計士協会に備える公認会計士名簿に登録しなければならないのですが，登録するためには，公認会計士試験合格と2年以上の実務経験のほかに，さらに日本公認会計士協会が実施する実務補修を修了することが必要になります。そして，実務補修の最後には修了考査があり，それに合格しなければならないのです。

高橋さん：公認会計士になるまでも結構長い道のりですね。公認会計士になるために必要な実務経験は監査の実務経験ですか？

鈴木教授：監査法人または公認会計士の業務の補助か，企業などにおける一定の監査類似の業務です。税理士になるために必要な実務経験よりも範囲が限定されています。

高橋さん：実務経験もハードルになりそうですね。

―――＜公認会計士になるまで＞―――

公認会計士試験合格 ＋ 2年以上の実務経験 ＋ 実務補修修了
→ 公認会計士名簿への登録 → 公認会計士

＜税理士試験と公認会計士試験の比較＞

	税理士試験	公認会計士試験
科目選択制度か？	幅広い科目から選択して受験	短答式試験と論文式試験の2段階 それぞれの試験で受験科目が決まっている（論文式試験の一部に選択科目あり）
試験科目	会計科目と税法科目 会計科目2科目と税法科目3科目に合格する必要	会計科目中心 監査論あり 論文式試験の租税法は法人税法が中心 論文式試験の選択科目は，経営学，経済学，民法，統計学（1科目選択）

研究室訪問(2)－税理士になるには？

科目合格制度か？	合格した科目は生涯有効	短答式試験に合格した場合，その後2年間は短答式試験が免除 論文式試験において一定以上の成績に達していた科目は，その後2年間受験免除
合格者層	社会人の受験者が多いため，広範囲	大学在学中から学習に専念している受験者が多いため，20歳代に集中
試験合格後は？	2年以上の実務経験が必要	2年以上の実務経験とともに，実務補修を修了する必要

◆ 税理士試験を速く確実に突破する方法 ◆

佐藤くん：やはり公認会計士よりも税理士を目指そうかなと思います。それも税理士試験に合格して。

高橋さん：私の場合，選択の余地がないので，目指すならば税理士試験しかないですね。

佐藤くん：税理士試験を速く確実に突破するにはどうしたらいいのでしょうか？

鈴木教授：真面目にコツコツ学習することですね。

佐藤くん：確かにそうだとは思うのですが，何か良い方法はないのでしょうか？

鈴木教授：学問に王道なしといいますからね。特に良い方法はないかと思いますが，税法の科目選びは工夫が必要かもしれません。

佐藤くん：合格しやすい科目と合格しにくい科目があるのですか？

鈴木教授：難易度に違いがあるというわけではないのですが，学習量には違いがあります。税法科目を必要な学習量の多い順に並べると，1番目が所得税法と法人税法，2番目が相続税法，3番目が消費税法，4番目が固定資産税，事業税，住民税，5番目が酒税法と国税徴収法です。

佐藤くん：ということは，所得税法と法人税法のいずれか，そして，酒税法と国税徴収法を選択すれば，速く合格できそうですね。

鈴木教授：確かに，所得税法と法人税法のいずれか，そして，酒税法と国税徴収法というのは，最も負担の軽い選択です。学習時間が限られている，また，どうしても速く合格したいという方は，そうした選択もあり得るでしょう。しかし，酒税法や国税徴収法の実務における使用頻度は高くありません。

高橋さん：税理士になってからのことも考えて科目を選んだ方がよさそうですね。実務における使用頻度の違いはどうなのでしょうか？

鈴木教授：税法科目の中で実務における使用頻度が高いのは，所得税法，法人税法，相続税法，消費税法です。法人税法と消費税法は企業を顧客とした場合，所得税法と相続税法は個人を顧客とした場合に頻繁に使用します。

高橋さん：そうすると，合格した後の実務において役立つ科目を選択しようとすると，所得税法，法人税法，相続税法か，所得税法，法人税法，消費税法という選択になるのでしょうか？

鈴木教授：そうですね。しかし，そうした選択をすると学習量が多くなってしまいます。確かにそうした選択は合格した後の実務において役立ちますが，多くの学習時間を確保できる環境にいない限り現実的ではないでしょう。所得税法，法人税法，相続税法は，実務において役立つものの，最も負担の重い選択です。

高橋さん：実務における使用頻度の違いと学習量の違いとを踏まえて選択することになるのですね。

佐藤くん：悩ましいですね。良い選び方というのはないのでしょうか？

鈴木教授：どの税法科目を選ぶべきかは，それぞれの事情によって異なるはずです。企業向けの仕事をしたいのか，個人向けの仕事をしたいのか，関心を持てる科目はどれか，学習時間をどれくらい確保できるのか，何年で合格しなければならないのかなどを考慮して選ぶことになるでしょう。

≪実務上の重要性と学習量≫

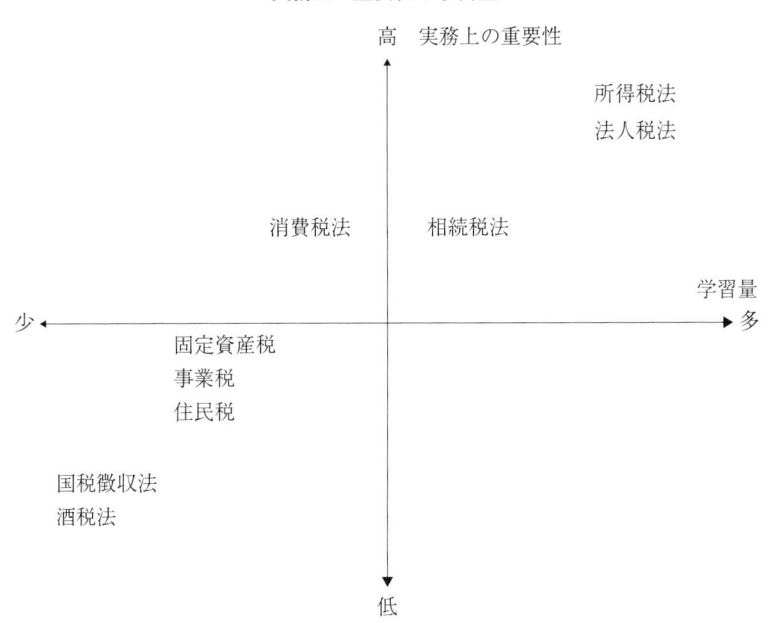

```
                    高   実務上の重要性
                    │
                    │         所得税法
                    │         法人税法
                    │
              消費税法│  相続税法
                    │
                    │                    学習量
   少 ←────────────┼────────────────→ 多
                    │
           固定資産税│
           事業税   │
           住民税   │
                    │
      国税徴収法    │
      酒税法        │
                    │
                    低
```

佐藤くん：それと，修士号を取得すると税理士試験が免除になるという話を聞いたことがあるのですが，本当ですか？

鈴木教授：本当です。大学院で会計に属する科目に関する研究により修士号を取得した場合は，会計科目1科目の受験が免除に，大学院で税法に属する科目に関する研究により修士号を取得した場合は，税法科目2科目の受験が免除になります。

高橋さん：免除を受けた場合でも1科目は必ず受験しなければならないのですね。

鈴木教授：お二人には関係ないかと思いますが，平成14年3月以前に大学院に進学していた場合は，より多くの科目の受験が免除になる可能性があります。大学院で商学に属する科目に関する研究により修士号を取得した場合は，会計科目すべての受験が免除に，大学院で法律学または財政学に属する科目に関する研究により修士号を取得した場

合は，税法科目すべての受験が免除になります。

高橋さん：免除を受けるのは，なんだか抜け道のように感じられるのですが。

鈴木教授：特におすすめはしません。しかし，暗記物が苦手，筆記試験が苦手，試験の雰囲気が苦手など，試験がどうしても苦手という方がいます。そうした方の場合，修士号取得による受験免除を検討してみてもいいかもしれません。試験が苦手だと税理士に不向きであるとは限りませんので。

佐藤くん：大学院で税法に属する科目に関する研究により修士号を取得すると，税法科目2科目の受験が免除になるというのは，正直魅力的ですね。先生のもとで税法に属する科目に関する研究をして修士号を取得するというのは可能でしょうか？

鈴木教授：可能です。私のゼミに所属して税法に関する修士論文を作成すればいいでしょう。

佐藤くん：ならば，ぜひ先生のゼミに入れてもらいたいですね。

高橋さん：私もぜひ。

鈴木教授：ただ，私のゼミに所属して税法に関する修士論文を作成するのは，かなり大変だと思いますよ。少なくとも税理士試験の税法科目2科目に合格するよりもはるかに大変なはずです。ちなみにここ数年私のゼミ生は0名です。たまに入ってきた方がいても，皆途中で逃げ出して，ほかの先生のゼミに移ってしまいます。どうしますか？

高橋さん・佐藤くん：検討させてください。

<修士号取得による受験免除>

大学院進学時期	研　究　内　容	免除科目
平成14年4月1日以後	会計に属する科目に関する研究	会計科目1科目（1科目は受験）
	税法に属する科目に関する研究	税法科目2科目（1科目は受験）
平成14年3月以前	商学に属する科目に関する研究	会計科目すべて
	法律学または財政学に属する科目に関する研究	税法科目すべて

研究室訪問(2)－税理士になるには？

コラム 税理士業界の名門？税務大学校

　最終学歴が「税務大学校卒」という税理士の方をたまに目します。「税務大学校」という大学（大学校？）をご存知でしょうか？名前からすると，税理士を養成する大学のように思われるかもしれません。高校生の方で，将来税理士になりたいと思われている方は受験したいと思われるでしょう（本書の読者で高校生の方はあまりいらっしゃらないかと思いますが）。

　しかし，全国の大学について記載された大学受験案内や，大学の入学難易度のランキング表を見ても，税務大学校は見当たらないはずです。現在はもう存在しない大学なのでしょうか？それとも，日本国内には存在しない大学なのでしょうか？

　税務大学校は現在もしっかり日本国内に存在していて，そこで学んでいる人達がいます。果たして税務大学校とは，どんな大学なのでしょうか？実は税務大学校とは，国家公務員として採用された税務職員に対して必要な研修を行う国税庁の機関なのです（高校を卒業した人が入学する一般の「大学」ではない）。埼玉県和光市に本校があるほか，全国12か所に地方研修所があります。

　税務大学校での研修は，税務職員としての全般的な能力と資質の向上を目的とする長期の研修，専門的な仕事に直接必要な知識の習得を目的とする短期の研修，職務に関し必要な特定の科目についての知識の習得を目的とする通信研修の3つに分かれているとのことです。税務署等で公務員として一定期間税務に関する職務についていると税理士資格を得ることができます。以下に税務大学校の研修体系を示しましたが，仕事をしながら，このように税務についてみっちりと学ばなければなりません。着実な方法かもしれませんが，結構たいへんかもしれませんね。

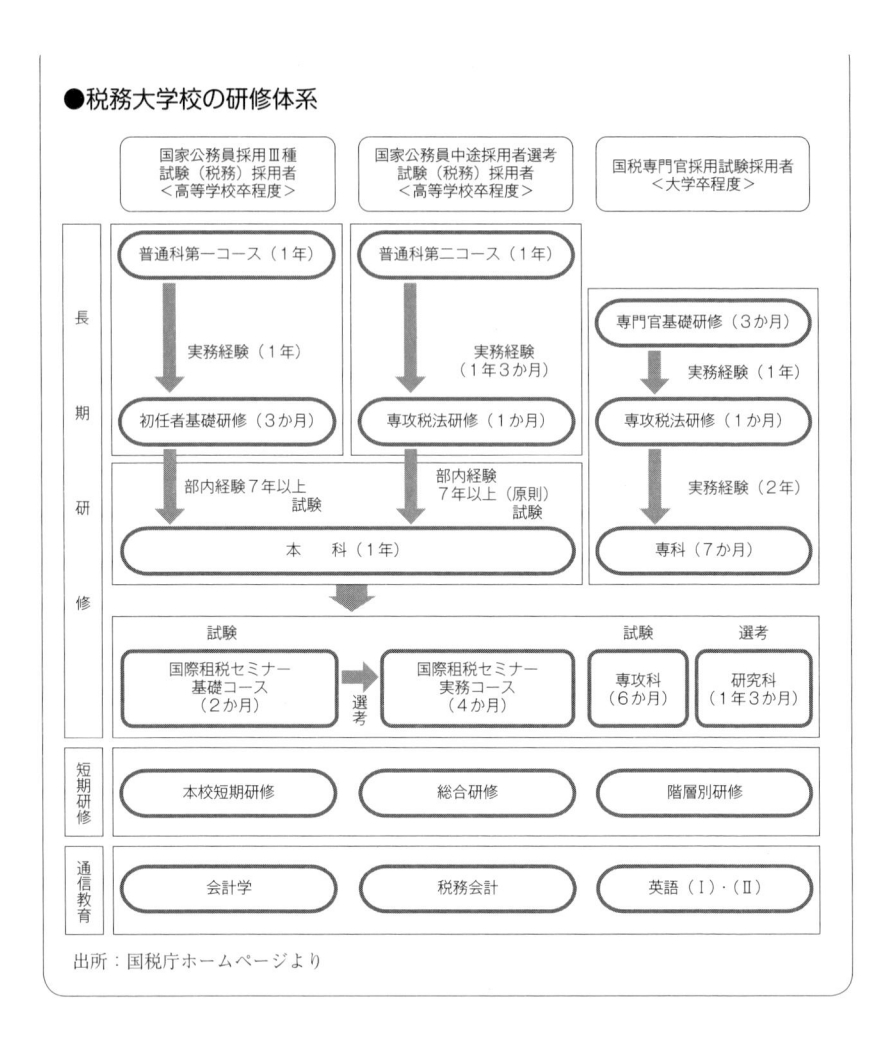

●税務大学校の研修体系

	国家公務員採用Ⅲ種試験（税務）採用者<高等学校卒程度>	国家公務員中途採用者選考試験（税務）採用者<高等学校卒程度>	国税専門官採用試験採用者<大学卒程度>
長期研修	普通科第一コース（1年） ↓ 実務経験（1年） ↓ 初任者基礎研修（3か月） ↓ 部内経験7年以上 試験	普通科第二コース（1年） ↓ 実務経験（1年3か月） ↓ 専攻税法研修（1か月） ↓ 部内経験7年以上（原則） 試験 ↓ 本　科（1年）	専門官基礎研修（3か月） ↓ 実務経験（1年） ↓ 専攻税法研修（1か月） ↓ 実務経験（2年） ↓ 専科（7か月）
	試験 国際租税セミナー基礎コース（2か月） → 選考 → 国際租税セミナー実務コース（4か月）		試験 専攻科（6か月）	選考 研究科（1年3か月）
短期研修	本校短期研修	総合研修	階層別研修
通信教育	会計学	税務会計	英語（Ⅰ）・（Ⅱ）

出所：国税庁ホームページより

ミニテスト解答

＜所得税ミニテスト解答＞

1. 必要経費　　2. 給与所得控除　　3. 基礎　　4. 社会保険料
5. 生命保険料　6. 地震保険料　　7. 配偶者　　8. 配偶者特別
9. 扶養　　　　10. 雑損　　　　　11. 医療費　　12. 寄附金
13. 青色申告特別　14. 源泉徴収　　15. 年末調整　16. 単純
17. 超過　　　　18. 配当　　　　　19. 外国税額　20. 住宅ローン

＜法人税ミニテスト解答＞

1. 益金　　　　2. 損金　　　　　3. 益金不算入　4. 益金算入
5. 損金不算入　6. 損金算入　　　7. 益金不算入　8. 損金不算入
9. 損金不算入　10. 損金不算入　　11. 損金不算入　12. 貸倒
13. 返品調整　　14. 1億　　　　　15. 600万　　　16. 1
17. 擬制　　　　18. 実在　　　　　19. 擬制　　　　20. 特定同族

＜相続税ミニテスト解答＞

1. 5,000万　　2. 1,000万　　　3. 民法　　　　4. 代襲
5. 2分の1　　 6. 2分の1　　　 7. 3分の2　　 8. 3分の1
9. 4分の3　　 10. 4分の1　　　11. 超過累進　　12. 配偶者
13. 未成年者　 14. 障害者　　　 15. 110万　　　16. 超過累進
17. 2,000万　 18. 相続時精算課税　19. 2,500万　　20. 比例

＜消費税ミニテスト解答＞

1. 直接税　　　2. 間接税　　　　3. 売上　　　　4. 仕入
5. 4　　　　　6. 1　　　　　　7. 5　　　　　　8. 1,000万
9. 1,000万　　10. 益税　　　　　11. 5,000万　　12. みなし仕入率

13. 個別消費税　　14. 1　　　　15. 4　　　　16. 1
17・18・19. 国たばこ税・地方たばこ税・たばこ特別税（順不同可）
20. 1,000

＜地方税ミニテスト解答＞
1. 均等割　　　2. 所得割　　　3. 法人税割
4・5. 均等割・所得割（順不同可）　　6. 均等割
7・8. 均等割・法人税割（順不同可）　　9. 均等割
10. 均等割　　11. 法人税割　　12. 普通徴収　　13. 特別徴収
14. 条例　　　15. 地方税法　　16. 標準税率　　17. 制限税率
18. 事業主控除　19. 外形標準課税　20. 不動産取得税

期末テスト解答

第1問・所得税

・A氏が納める所得税額

所得金額は,総収入金額2,000万円－必要経費1,200万円＝800万円

課税所得金額は,所得金額800万円－基礎控除38万円－社会保険料控除20万円－青色申告特別控除65万円＝677万円

所得税額は,195万円×5％＋(330万円－195万円)×10％＋(677万円－330万円)×20％＝926,500円

納める所得税額は,所得税額926,500円－外国税額控除10万円＝826,500円

したがって,A氏が納める所得税額は826,500円

・B氏が納める所得税額

給与所得控除の金額は,180万円×40％＋(360万円－180万円)×30％＋(660万円－360万円)×20％＋(1,000万円－660万円)×10％＝220万円

所得金額は,給与収入金額1,000万円－給与所得控除220万円＝780万円

課税所得金額は,所得金額780万円－基礎控除38万円－社会保険料控除30万円－生命保険料控除10万円＝702万円

所得税額は,195万円×5％＋(330万円－195万円)×10％＋(695万円－330万円)×20％＋(702万円－695万円)×23％＝978,600円

納める所得税額は,所得税額978,600円－配当控除10万円＝878,600円

したがって,B氏が納める所得税額は878,600円

第2問・法人税

所得金額は,税引前当期純利益9,000万円－受取配当金100万円＋交際費300万円＋減価償却超過額100万円＝9,300円

なお,減価償却超過額は,計上している減価償却費の額400万円－法人税法で定められた減価償却の方法で計算した減価償却費の額300万円＝100万円

納める法人税額は,所得金額9,300円×税率30％＝2,790円

したがって,A社が納める法人税額は2,790円

第3問・相続税

基礎控除は,5,000万円＋1,000万円×2＝7,000万円

課税遺産額は,遺産額2億円－基礎控除7,000万円＝1億3,000万円

課税遺産額1億3,000万円を法定相続分で按分して（2分の1ずつ），それぞれの額に税率を乗じる。

いずれも,法定相続分は6,500万円で,それに税率を乗じると,1,000万円×10％＋(3,000万円－1,000万円)×15％＋(5,000万円－3,000万円)×20％＋(6,500万円－5,000万円)×30％＝1,250万円

したがって,相続税の総額は,1,250万円＋1,250万円＝2,500万円

相続税の総額2,500万円を実際の相続割合で按分すると,A氏の妻の分は,2,500万円×5,000万円／2億円＝625万円,A氏の長男の分は,2,500万円×1億5,000万円／2億円＝1,875万円

それぞれの額から税額控除を引くと,納める相続税額が出るが,A氏の妻の方は625万円を上回る配偶者控除を引くことができるため,相続税額を納める必要がない（相続する財産が法定相続分以下のため,そもそも相続税が課されない）。それに対して,A氏の長男の方には適用される税額控除がないため,A氏の長男が納める相続税額は1,875万円になる。

したがって,A氏の妻が納める相続税額は0円,A氏の長男が納める相続税額は1,875万円

第4問・消費税

・A社が納める消費税額

売上が5,000万円超のため,簡易課税制度を選択することができない。

納める消費税額は,売上に含まれる消費税相当額350万円－仕入に含まれる

消費税相当額200万円＝150万円

　したがって，A社が納める消費税額は150万円

・B社が納める消費税額

　売上が5,000万円以下のため，簡易課税制度を選択することができる。

　仕入に含まれるとみなされる消費税相当額は，売上に含まれる消費税相当額200万円×みなし仕入率80％＝160万円

　納める消費税額は，売上に含まれる消費税相当額200万円−仕入に含まれるとみなされる消費税相当額160万円＝40万円

　したがって，B社が納める消費税額は40万円

第5問・地方税

・A氏が納める住民税と事業税の額

　住民税の均等割は，都道府県民税1,000円＋市町村民税3,000円＝4,000円

　住民税の所得割は，所得金額1,000万円×都道府県民税の税率4％＋所得金額1,000万円×市町村民税の税率6％＝100万円

　事業税は，（所得金額1,000万円−事業主控除290万円）×第一種事業の税率5％＝355,000円

　住民税の均等割4,000円＋住民税の所得割100万円＋事業税355,000円＝1,359,000円

　したがって，A氏が納める住民税と事業税の額は1,359,000円

・B社が納める住民税と事業税の額

　住民税の均等割は，都道府県民税5万円＋市町村民税13万円＝18万円

　住民税の法人税割は，法人税額2,700万円×都道府県民税の税率5％＋法人税額2,700万円×市町村民税の税率12.3％＝4,671,000円

　なお，法人税額は，所得金額9,000万円×30％＝2,700万円

　事業税は，400万円×5％＋（800万円−400万円）×7.3％＋（9,000万円−800万円）×9.6％＝8,364,000円

住民税の均等割18万円＋住民税の法人税割4,671,000円＋事業税8,364,000円
＝13,215,000円

したがって，B社が納める住民税と事業税の額は13,215,000円

巻末資料

◆所得税確定申告書Ｂ用第一表
◆法人税申告書別表一(一)
◆法人税申告書別表四

平成　　年分の所得税の　申告書B

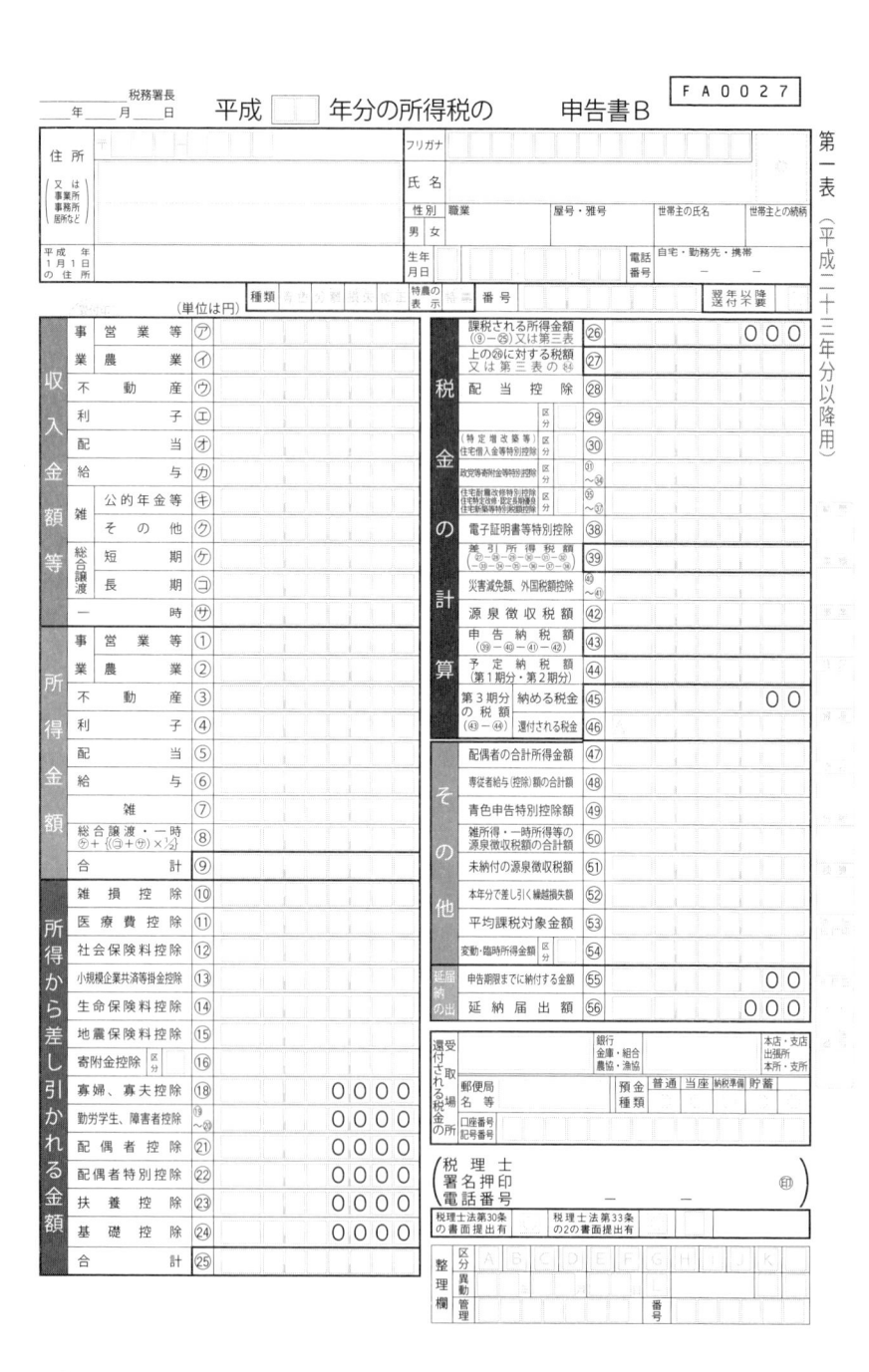

FA0027

第一表（平成二十三年分以降用）

税務署長　　　年　　月　　日

住所又は事業所事務所居所など	〒		フリガナ	
			氏名	

		性別 男 女	職業	屋号・雅号	世帯主の氏名	世帯主との続柄

平成年1月1日の住所		生年月日		電話番号 自宅・勤務先・携帯

（単位は円）　種類　　　　特農の表示　　番号　　　翌年以降送付不要

収入金額等

事業	営業等	㋐
	農業	㋑
不動産		㋒
利子		㋓
配当		㋔
給与		㋕
雑	公的年金等	㋖
	その他	㋗
総合譲渡	短期	㋘
	長期	㋙
一時		㋚

所得金額

事業	営業等	①
	農業	②
不動産		③
利子		④
配当		⑤
給与		⑥
雑		⑦
総合譲渡・一時 ㋘+{(㋙+㋚)×½}		⑧
合計		⑨

所得から差し引かれる金額

雑損控除	⑩
医療費控除	⑪
社会保険料控除	⑫
小規模企業共済等掛金控除	⑬
生命保険料控除	⑭
地震保険料控除	⑮
寄附金控除	⑯
寡婦、寡夫控除	⑱	0000
勤労学生、障害者控除	⑲～⑳	0000
配偶者控除	㉑	0000
配偶者特別控除	㉒	0000
扶養控除	㉓	0000
基礎控除	㉔	0000
合計	㉕	

税金の計算

課税される所得金額 (⑨-㉕)又は第三表	㉖	000
上の㉖に対する税額 又は第三表の㊻	㉗	
配当控除	㉘	
（区分）	㉙	
（特定増改築等）住宅借入金等特別控除 （区分）	㉚	
政党等寄附金等特別控除	㉛～㉝	
住宅耐震改修特別控除 住宅特定改修・認定長期優良住宅新築等特別税額控除	㉞～㉟	
電子証明書等特別控除	㊳	
差引所得税額 (㉗-㉘-㉙-㉚-㉛-㉞-㊳)	㊴	
災害減免額、外国税額控除	㊵～㊶	
源泉徴収税額	㊷	
申告納税額 (㊴-㊵-㊶-㊷)	㊸	
予定納税額 （第1期分・第2期分）	㊹	
第3期分の税額	納める税金	㊺	00
(㊸-㊹)	還付される税金	㊻	

その他

配偶者の合計所得金額	㊼
専従者給与（控除）の合計額	㊽
青色申告特別控除額	㊾
雑所得・一時所得等の源泉徴収税額の合計額	㊿
未納付の源泉徴収税額	51
本年分で差し引く繰越損失額	52
平均課税対象金額	53
変動・臨時所得金額 （区分）	54

延納の届出

申告期限までに納付する金額	55	00
延納届出額	56	000

還付される税金の受取場所	郵便局名等	銀行・金庫・組合・農協・漁協	本店・支店 出張所 本所・支所
		預金種類　普通　当座　納税準備　貯蓄	
	口座番号 記号番号		

税理士署名押印　電話番号　　－　　－　　㊞

税理士法第30条の書面提出有	税理士法第33条の2の書面提出有

整理欄	区分	A	B	C	D	E	F	G	H	I	J	K
	異動											
	管理						番号					

巻末資料

所得の金額の計算に関する明細書

事業年度　　　・　・　　法人名

別表四　平二十三・六・三十以後終了事業年度分

	区　分		総　額	処　　　　　　　　分		
				留　保	社　外　流　出	
			①	②	③	
	当期利益又は当期欠損の額	1	円	円	配当	円
					その他	
加	損金の額に算入した法人税（附帯税を除く。）	2				
	損金の額に算入した道府県民税（利子割額を除く。）及び市町村民税	3				
	損金の額に算入した道府県民税利子割額	4				
	損金の額に算入した納税充当金	5				
	損金の額に算入した附帯税（利子税を除く。）、加算金、延滞金（延納分を除く。）及び過怠税	6			その他	
	減価償却の償却超過額	7				
	役員給与の損金不算入額	8			その他	
	交際費等の損金不算入額	9			その他	
		10				
算		11				
		12				
	小　計	13				
減	減価償却超過額の当期認容額	14				
	納税充当金から支出した事業税等の金額	15				
	受取配当等の益金不算入額（別表八（一）「14」又は「29」）	16			※	
	外国子会社から受ける剰余金の配当等の益金不算入額（別表八（二）「13」）	17			※	
	受贈益の益金不算入額	18			※	
	適格現物分配に係る益金不算入額	19			※	
	法人税等の中間納付額及び過誤納に係る還付金額	20				
	所得税額等及び欠損金の繰戻しによる還付金額等	21			※	
		22				
算		23				
		24				
	小　計	25			外 ※	
	仮　計　(1)+(13)-(25)	26			外 ※	
	寄附金の損金不算入額（別表十四（二）「24」又は「40」）	27			その他	
	沖縄の認定法人の所得の特別控除額（別表十「9」又は「12」）	28	△		※	△
	国際戦略総合特別区域における指定特定事業法人の所得の金額の損金算入額（別表十「7」又は「9」）	29			※	
	認定研究開発事業法人等の所得の損金算入額又は益金算入額（別表十（三）「7」又は「9」）	30			※	
	法人税額から控除される所得税額（別表六（一）「6の③」）	31			その他	
	税額控除の対象となる外国法人税の額等（別表六（二の二）「10」・別表七（二の二）「39の計」）	32			その他	
	組合等損失額の損金不算入額又は組合等損失超過合計額の損金算入額（別表九（二）「10」）	33				
	合　計	34			外 ※	
	新鉱床探鉱費又は海外新鉱床探鉱費の特別控除額（別表十（四）「42」）	35	△		※	△
	対外船舶運航事業者の日本船舶による収入金額に係る所得の金額の損金算入額（別表十（五）「19」、「20」又は「22」）	36				
	総　計　((34)+(35)-(36))又は((34)+(35)+(36))	37			外 ※	
	契約者配当の益金算入額（別表九（一）「13」）	38				
	商工組合等の留保所得の特別控除額（別表十（六）「47」）	39	△		※	△
	商工組合等の社外流出による益金算入額（別表十（七）「39」）	40			※	
	特定目的会社等の支払配当又は特定投資信託に係る受託法人の利益の分配等の損金算入額（別表十（十）「13」若しくは「33」又は別表十一（一）「8」若しくは「9」）	41		△		
	非適格合併又は残余財産の全部分配による移転資産等の譲渡利益額又は譲渡損失額	42				
	差　引　計　((37)から(42)までの計)	43			外 ※	
	欠損金又は災害損失金等の当期控除額（別表七（一）「2の計」・（別表七（二）「11」、「22」又は「32」）	44	△		※	△
	残余財産の確定の日の属する事業年度に係る事業税の損金算入額	45		△		
	所得金額又は欠損金額	46			外 ※	

御注意　「46」の「①」欄の金額は、「②」欄の金額に「③」欄の本書の金額を加算し、これから「※」の金額を加減算した額と符合することになりますから留意してください。

法　0301-0401

＜索　　引＞

（あ行）

青色申告特別控除……………………28, 95
圧縮記帳………………………………61
一時所得………………………………42
医療費控除…………………………26, 32
印紙税…………………………………10
受取配当の益金不算入………………50
益金……………………………………46
益金算入………………………………48
益金不算入……………………………48
益税……………………………………105

（か行）

外形標準課税………………………95, 135
外国税額控除…………………………36
会社法…………………………………47
確定申告………………………………28
核燃料税………………………………145
貸倒引当金……………………………51
課税留保金額…………………………59
科目合格制度…………………………175
科目選択制度…………………………174
簡易課税制度…………………………106
環境協力税……………………………146
環境未来税……………………………145
監査……………………………………167
監査法人………………………………169
監査役…………………………………168
間接税…………………………………99
基礎控除…………………………25, 71, 84

寄附金控除………………………26, 32, 53
寄附金の損金不算入…………………53
逆進性…………………………103, 112, 119
逆粉飾決算……………………………93
給付き税額控除………………………119
給与所得……………………………19, 94
給与所得控除………………………20, 95
狭小住宅集合住宅税…………………144
協同組合等……………………………68
業務委託契約…………………………95
均等割…………………………………125
金融商品取引法………………………47
国たばこ税……………………………113
計算書類………………………………47
減価償却超過額の損金不算入………52
源泉徴収制度…………………………29
公益法人等……………………………68
交際費の損金不算入…………………54
公認会計士…………………………93, 167
公認会計士試験………………………172
国税……………………………………6
個人事業税…………………………123, 131
個人住民税……………………………123
国庫補助金受入益……………………61
固定資産税………………………… 6, 136
個別消費税……………………………108
雇用契約………………………………95

（さ行）

財産税…………………………………9
財務諸表………………………………47

雑所得	42, 94
雑損控除	26, 32
産業廃棄物税	145
山林所得	42
事業所得	19, 94
事業税	6, 131
事業主控除	131
市区町村たばこ税	113
地震保険料控除	25
市町村税	6, 122
市町村民税	123
実効税率	56, 134
実務補修	178
資本割	135
社会保険料控除	25
住宅ローン控除	36
収得税	7
住民税	6, 122
修了考査	178
宿泊税	144
酒税	7, 108
障害者控除	82
使用済核燃料税	145
譲渡所得	42
消費税	5, 8, 98
条例	130
所得	18
所得控除	24
所得税	5, 18
所得割	126
人格のない社団等	68
申告納税制度	166
垂直的公平	16, 34
水平的公平	16, 34

税額控除	35, 76, 81
正規の簿記の原則	28
制限税率	130
税務大学校	183
税務調査	167
生命保険料控除	25
税理士	162, 166
税理士試験	170
税理士法人	170
節税	93
相続時精算課税	86
相続税	5, 70
贈与税	7, 83
租税公平主義	15
租税平等主義	15
租税法律主義	12, 130
損益通算	44, 94
損金	46
損金算入	48
損金不算入	48

(た行)

代襲相続	74
退職所得	42
脱税	93
たばこ税	9, 108
たばこ特別税	113
単純累進税率	33
担税力	35
地方消費税	102
地方税	5, 122
地方税法	130
地方たばこ税	113
地方法人特別税	134

超過累進税率……………………33
直接税………………………………98
登録免許税…………………………10
特定同族会社の留保金課税制度…… 59,95
特別徴収…………………………128
都市計画税………………………136
都道府県税……………………6,122
都道府県たばこ税………………113
都道府県民税……………………123

(な行)

日本公認会計士協会……………178
日本税理士会連合会……………171
年末調整……………………………31
納税の義務…………………………12
乗鞍環境保全税…………………146

(は行)

配偶者控除…………………25,82,85
配偶者特別控除……………………25
配当控除………………………35,50
配当所得……………………………42
引当金の損金不算入………………51
標準税率…………………………130
比例税率……………………………56
付加価値割………………………135
普通税……………………………145
普通徴収…………………………128
普通法人……………………………68
復興特別所得税……………………41
復興特別法人税……………………67
物品税……………………………109
不動産取得税…………………10,137

不動産所得…………………………42
負の所得税………………………119
扶養控除……………………………26
粉飾決算……………………………93
別荘等所有税……………………144
返品調整引当金……………………51
法人擬制説…………………………57
法人事業税…………………123,133
法人実在説…………………………57
法人住民税………………………123
法人税……………………………5,46
法人税割…………………………126
法定外税…………………………144
法定相続人…………………………72
法定相続分…………………………73
法の下の平等………………………15
保険差益……………………………61

(ま行)

未成年者控除………………………82
みなし仕入率……………………107
ミルトン・フリードマン………119
民法…………………………………73
目的税……………………………145

(や行)

遊魚税……………………………144

(ら行)

利子所得……………………………42
流通税…………………………10,137
累進税率……………………………32
歴史と文化の環境税……………144

著者略歴

鈴木　広樹（すずき　ひろき）
1971年　新潟市生まれ
1995年　早稲田大学政治経済学部卒業
現　在　事業創造大学院大学准教授
著　書　『タイムリー・ディスクロージャー（適時開示）の実務』（税務研究会）
　　　　『株式投資に活かす適時開示』（国元書房）
　　　　『株式投資の基本 - 伸びる会社がわかる財務諸表の読み方』（税務経理協会）
　　　　『税理士最短合格へのスタートガイド』（自由国民社）
　　　　『財務報告実務検定公式テキスト』（共著，ＴＡＣ出版）
　　　　『金融商品取引法における課徴金事例の分析』（共著，商事法務）

著者との契約により検印省略

平成24年7月1日　初版第1刷発行

対話式でわかりやすい！
税法入門教室

著　者　鈴　木　広　樹
発行者　大　坪　嘉　春
印刷所　税経印刷株式会社
製本所　株式会社　三森製本所

発行所　〒161-0033　東京都新宿区
　　　　下落合2丁目5番13号
　　　　振　替　00190-2-187408
　　　　ＦＡＸ　(03)3565-3391
　　　　URL　http://www.zeikei.co.jp/
　　　　乱丁・落丁の場合は，お取替えいたします。

株式会社　税務経理協会

電話　(03)3953-3301（編集部）
　　　(03)3953-3325（営業部）

© 鈴木広樹　2012　　　　　　　　　　　　　Printed in Japan

本書を無断で複写複製（コピー）することは，著作権法上の例外を除き，禁じられています。
本書をコピーされる場合は，事前に日本複製権センター（ＪＲＲＣ）の許諾を受けてください。
JRRC〈http://www.jrrc.or.jp　eメール：info@jrrc.or.jp　電話：03-3401-2382〉

ISBN978-4-419-05837-1　C3032